Happy Chinese
快乐中国人
中高级汉语视听说教程

An Audiovisual Oral Chinese Course for Intermediate and Advanced Students

①

王晓凌 主编

邵英 李锦 王晓音 刘国伟 张喆 王晓凌 编著

北京大学出版社
PEKING UNIVERSITY PRESS

图书在版编目(CIP)数据

快乐中国人:中高级汉语视听说教程.1/王晓凌主编;—北京:北京大学出版社,2010.8

(北大版多媒体汉语教材系列)
ISBN 978-7-301-17592-7

Ⅰ.①快… Ⅱ.①王… Ⅲ.①汉语-听说教学-对外汉语教学-教材 Ⅳ.①H195.4

中国版本图书馆CIP数据核字(2010)第149877号

本书是根据北京其欣然影视文化传播有限公司授权的影视作品《快乐东西》改编而成的,影视作品版权归北京其欣然影视文化传播有限公司所有,本书版权归北京大学出版社所有。任何人不得以任何方式非法复制、发行上述作品的一部分或全部。

书　　　名:	快乐中国人:中高级汉语视听说教程1
著作责任者:	王晓凌　主编
责　任　编　辑:	旷书文
英　文　翻　译:	ORION JOSHUA YOUNG
日文生词翻译:	藤本菜美子
韩文生词翻译:	申一熙
俄文生词翻译:	AINUR AUBAKIROVA
标　准　书　号:	ISBN 978-7-301-17592-7 / H·2611
出　版　发　行:	北京大学出版社
地　　　址:	北京市海淀区成府路205号　100871
网　　　址:	http://www.pup.cn
电　　　话:	邮购部 62752015　发行部 62750672　编辑部 62753374　出版部 62754962
电　子　邮　箱:	zpup@pup.pku.edu.cn
印　　刷　者:	三河市博文印刷有限公司
经　销　者:	新华书店
	787毫米×1092毫米　大16开本　10印张+8插页　390千字
	2010年8月第1版　2021年1月第4次印刷
定　　　价:	75.00元(含一张DVD、一张MP3)

未经许可,不得以任何方式复制或抄袭本书之部分或全部内容。
版权所有,侵权必究　举报电话: 010-62752024
　　　　　　　　　电子邮箱: fd@pup.pku.edu.cn

Happy Chinese 1
快乐中国人
Character Profiles
主要人物

老东（甄子东）
Lao Dong (Zhen Zidong)
甄家父亲，退休会计，勤俭节约，胆小怕事，斤斤计较。他有便宜必占，有亏决不吃，典型中国式"抠门儿"，但绝对是一个好父亲。
The father of the Zhen family, a retired accountant who is hard working and thrifty, timid and non-confrontational, forever nitpicking. He looks to profit at every turn while refusing to be taken advantage of. He is a classic Chinese miser yet who all the same is unquestionably a good father.

老西（吴兰西）
Lao Xi (Wu Lanxi)
甄家母亲，典型中国式老太太，心宽体胖热心肠，爱管闲事心善良；开朗直率人阳光，粗枝大叶总帮倒忙。百分百好母亲，好邻居。
The mother of the Zhen family, a stereotypical Chinese old lady, generous, warm-hearted and over-weight, a good person who loves to meddle in other people's business. She is candid, clear and open-minded.

小东（甄东）
Xiao Dong (Zhen Dong)
自由职业，相貌不帅，体格不强，钱包光光，除油嘴滑舌外无一技之长。他头脑灵活，却常做傻事，热情好动，却总闹笑话。
Self-employed, not very good looking, frail and is always broke. Other than being a slick talker, he has no particular skill. Thinks fast on his feet, yet still gets mixed up in silly matters. He is full of enthusiasm and ready for action, but always ends up making a fool of himself.

小西（甄西）
Xiao Xi (Zhen Xi)
小东的双胞胎妹妹，大龄单身小白领，聪明伶俐，活泼可爱，喜欢美食却要减肥，渴望爱情却自作多情。她虽然有很多烦恼，生活却一点不单调。
Xiao Dong's twin little sister, a not-so-young single white collar worker. She is smart and quick-witted, cute and outgoing. she likes to eat good food but wants to diet at the same time, yearns for love but is full of wishful thinking that goes unreciprocated. While she has many worries, her life is certainly not dull.

小北（朱北北）
Xiao Bei (Zhu Beibei)
小东的野蛮女友，动物园大熊猫饲养员。她对小东温柔加暴力，泼辣加宽容。
Xiao Dong's wild girlfriend. She works at the zoo raising pandas. She can be either gentle or forceful toward Xiao Dong, bold yet tolerant.

南瓜（马南瓜）
Nan Gua (Ma Nangua)
小西的名义男友，性格憨厚老实，对小西认真专一，世界上最后一个"痴心汉"。
Xiao Xi's nominal boyfriend. Kind and honest, as the world's last infatuated admirer, he gives his undivided attention to Xiao Xi.

老马（马继光）
Lao Ma (Ma Jiguang)
南瓜的父亲，甄家的邻居，性格正直，办事认真，知足常乐，大嗓门，大体形。
Nan Gua's father, the Zhen family's neighbor. He is upright and content with one's lot in life. Has a big voice and a big body.

快乐中国人 ①

目 录

前言

第一部分 Part I 精视 Intensive Learning

1 礼物 — The Gift — 001

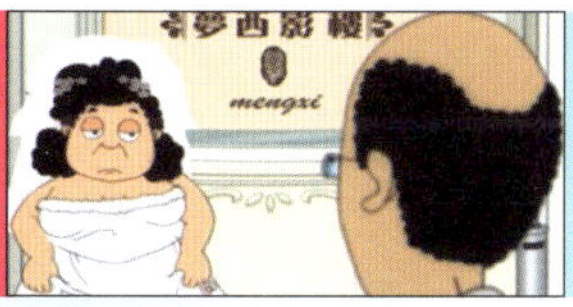

2 各人自扫门前雪 — Clear the Snow from One's Own Front Door — 010

3 你在我心里是最美 — To Me, You Will Always Be the Most Beautiful — 020

4 赶场儿 — Rush from Wedding to Wedding — 030

5 一人有一个梦想 — Everyone Has a Dream — 040

6 大买卖 — The Big Score — 050

7 偏偏喜欢你 — Only You — 061

8	盗亦有道 Honor Amongst Thieves	072
9	种菜记 Gardening Story	082
10	三个足球寡妇 Three Football Widows	092

第二部分 Part II 泛视 Extensive Learning

11	南瓜工作记 Nangua's Work Journal	101
12	老东学英语 Lao Dong Learns English	103
13	小学同学聚会 Elementary School Class Reunion	105
14	家里来了小强 Xiao Qiang Joins the Family	107
15	临时奶爸 The Temporary Male Nanny	109

脚本 Script	111
生词表（英/日/韩/俄）Vocabulary list (English/Japanese/Korean/Russian)	131
参考答案 Reference Answer	150

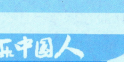

前 言
Foreword

    在层出不穷的对外汉语教材中,视听说教材始终是个薄弱点,多年发展积累下来,也不过屈指可数的几种,还因为地域限制、年龄限制或难度限制,没有广泛地进入对外汉语课堂。而当今的教材使用对象主体:80后、90后的留学生,又是在一个读图时代、网络时代的学习环境下成长起来的群体,他们不满足于埋首传统的纸质教材的枯燥学习,而渴望更具视像化的多媒体教材。北京大学出版社近年来一直在寻求打破视听说教材编写与推广的瓶颈,尝试引进国外先进的编写理念,发掘更新鲜、生动、有趣的教学资源,开发更具时代感与吸引力的新型视听说教材,《快乐中国人》于是应运而生。

一、教材视听材料特点

    《快乐中国人》是一部面向外国留学生的中高级视听说教材。视听说教材首先要面对的是"视"什么的问题。本教材视听材料选自中国首部大型动画情景喜剧《快乐东西》。该剧从2005年至今已出品4部240集,在网络、CCTV及其他电视台热播,深受广大观众和网民们的喜爱与好评,荣获第3届中国动画片奖,第19届,20届中国电视文艺星光奖优秀电视动画节目奖。《快乐东西》是一套十分适合对外汉语教学的短片,它有如下特点:

  1. 内容的丰富性:

    《快乐东西》以北京胡同中的一家4口人的生活为中心,反映了家庭、邻里、职场乃至整个社会的丰富多彩的中国平民百姓的真实生活。该剧为学生了解中国人的亲情、友情、爱情及其人际关系、人生观、价值观等,提供了一个真实的窗口。

  2. 强烈的喜剧性:

    与以往的视听说教材相比,本套教材以充沛的喜感见长。每部短片都有喜剧点,让人看了忍俊不禁,更适合年轻学生的学习特点,能有效地激发学生的学习兴趣,寓教于乐。

  3. 语言的自然鲜活性:

    语言关系视听说教材中的"听"的问题。相对于专门为教学拍摄的汉语教学片,《快乐东西》作为拍给中国人看的动画情景喜剧,语言更加自然鲜活,更适合已经跨过基础汉

语学习阶段的中高年级留学生。让他们接触没有经过筛选加工的真实的语境,可使他们获得自然的语感,提高实况中的听力理解能力,从而使学生尽快摆脱在课堂上什么都听得懂,而一出教室就处处碰到语言障碍的尴尬局面。

4. 适度的片长:

一般视听说教材的材料,长度至少在30分钟以上,而我国对外汉语教学大多以两节课100分钟为一个教学单元,这意味着三分之一甚至更多的的教学时间要用来看片,这就限制了课堂讲解与练习的时间,加上其难度,学生会感到观片过程冗长沉闷。而《快乐东西》每集9分钟,是非常合适的长度,能使课堂视听与讲练比例恰当,教学步骤的安排更加合理,学生不易产生疲劳感,始终保持饱满的学习热情。

二、教材体例介绍与使用建议

本套教材共分三册,每册由10课精视和5课泛视课文组成,适合每周2课时一个学期的上课量。

1. 精视课文包含五大内容,包括中英文情节简介、生词、语言点、知识库以及练习。

本教材有充分的英语翻译。为关照其他学生,本教材还在附录部分设置了俄语、日语、韩语生词翻译。教师可根据学生的母语及汉语水平,建议学生各取所需,方便学习。汉语水平高的学生则可不借助翻译直接进入汉语视听。为节省课堂的有限时间,建议教师布置学生仔细预习生词,课堂上只讲解学生预习后仍不完全明白的词及少量重点词语。

"情节简介"用简短的语言介绍短片的大致内容,同时又不"露底",而是留有足够的悬念,引起学生的观赏欲望和学习兴趣。教师授课时,应保护学生观看短片的积极性,并给学生留出充足的视听理解空间,不要把故事主体及结局全都告诉学生,以免使观片过程变得乏味、无效。

"语言点"部分包括在片中的出处、中英文解释和例句等。观看了短片并结合教材的讲解与例句学习,学生对语言点应有基本的掌握。练习部分还有大量的语言点练习题,建议教师将语言点的学习与练习结合起来,让学生学以致用,达到立竿见影,巩固技能的效果。

"知识库"是对片中的口语词、俗语、惯用语、流行新词语等的解释。对这类词语,教师应区别输入技能与输出技能训练的不同要求。输入技能的掌握先于、高于输出技能。可以要求学生先能够输入,即可以听懂、理解,而不急于要求输出,即表达。因为这一类词语包含十分丰富的文化内涵,要求的语用条件也十分微妙,没有相当的汉语与中国文化基础,往往会使用不得体,甚至闹笑话。教师应首先要求学生用规范汉语表意传情,不需要勉强使用这类词语,但应要求学生听懂、看懂,否则会遭遇理解障碍,影响交际。所谓求其上者得其中,求其中者得其下,输入与输出就是这样一种上下位关系。经过深入学习,逐步积累,学生对此类词语的掌握可由输入阶段自然过渡到输出阶段,培养出语感,使汉语的表达日益得体、丰富、地道。

"练习"部分:题量大是本教材的另一特色。练习分为情节理解、语言点练习和表达练习三种类型。每课的练习题多达8大题、50到60小题,给教师较充分的选择余地。教师可根据课时安排和学生程度选择练习内容,不需勉强全部完成。同时要将课堂练习与课后作业以及预习、复习结合起来,发挥题量丰富的优势,拓展学生的学习时间和空间,使课堂教学更加紧凑和高效。

2. 泛视课文包含中英文情节简介、生词以及理解提问三部分。后两项比起精听课文来数量少得多。泛听课文不是课堂学习内容,而是提供给学生拓展学习之用的。学生遇到视听理解困难可通过反复观看原片光盘、听慢速录音、看台词脚本等辅助的手段解决难题。

3. 附录内容:包括动画片光盘、慢速录音光盘、台词脚本、俄语、日语、韩语生词翻译、生词总表和练习答案。教师在授课之初就应给学生详细介绍,指导学生使用好这些材料。要因材施教,对高年级学生不鼓励事先看台词脚本,不要让学生对其产生依赖心理,而应在扫清生词障碍后,直接播放短片,以训练学生的听力。而对程度较低的学生,在听力障碍较多的情况下,可采取看原片了解大意、听慢速录音捕捉细节、看台词脚本以完全理解的方式,进行滚动训练,在循环递进式练习中切实提高学生汉语视听说能力。

三、教材编写理念与创新追求

1. 结构学习、技能训练、文化传播并重:

本教材面向中高年级学生,重视语言结构教学,语言点解释详细、深入,并配有大量的语言点练习。同时,视听说课型又是一门典型的语言技能训练课,承担着训练学生视听理解和表达能力的任务。教师应贯彻以学生为中心、精讲多练的教学原则,充分利用教材提供的材料,给学生大量的练习机会。本教材短片内容直接来自中国普通百姓生活,反映的社会生活面十分广阔,涉及的中国文化内容也十分丰富,教师应利用这个条件,向学生传播中国文化,加深学生对中国历史、现实、人际关系、价值观等的认识。

2. 立体化与开放性追求:

我们借鉴国外教材的经验,进行教材立体化尝试,除了丰富、深入的纸质教材内容以及多样、便利的多媒体辅助材料外,我们还将尝试为这套教材建立博客(http://blog.sina.com.cn/happichinese)。一般来说,教材编完了,编写者的任务也就完成了,教材就成为了一个封闭的系统。而建立博客的目的是打破这个封闭系统,让教材的使用具有动态和开

放性。我们将把更多的教学材料发布到网上,鼓励使用教材的师生在网上交流,即时互动,教学相长。

本教材由北京大学出版社策划,我院6位教师集体编写,4位留学生硕士任翻译。初稿完成后先后在我院中级、高级3个年级5个班中试用,共有5位老师、百余位各国留学生参与,编写者、出版者、翻译者、试用者共同对教材进行了多轮修改。《快乐中国人》是一个团队精诚合作的结晶。在此对在两年半的编写历程中付出了大量心血的老师、学生、编辑及北大出版社沈浦娜主任表示深深的感谢。

王晓凌

陕西师范大学国际汉学院

Foreword

Amongst all of the Chinese as a Foreign Language teaching materials, audiovisual oral textbooks have consistently been a weak point. After years of development and accumulation, the variety remains limited. This is because of the restraints posed by region, age and the degree of difficulty (in regards to language-learning levels) hampered the delivery of a wide range of textbooks entering the Chinese as a Foreign Language classroom.

Meanwhile, today's teaching materials mainly target foreign exchange students born in the 80's and 90's. Moreover, we live in an era where learning is facilitated by lively illustrations and the Internet. The students that have grown up in this kind of learning environment are not satisfied with tedious learning via traditional paper-based educational materials. Rather, they thirst for a more visual multimedia teaching aid.

Peking University Press in recent years has been seeking to break through the writing and promotion bottleneck, developing a more modern and attractive audiovisual oral teaching aid. "Happy Chinese" is just the textbook to meet these needs.

I. Prominent Audiovisual Material Features

"Happy Chinese" is an audiovisual oral textbook meant for intermediate and advanced foreign exchange students.

Audiovisual oral teaching resources must address the visual issue.

Our audiovisual teaching materials were selected from China's first cartoon sitcom, "Happy Stuff".

This show has received the acclaim of TV viewers and Internet users alike. The cartoon shorts suit Chinese as a Foreign Language learning needs perfectly with the following features:

1. Rich Content:

"Happy Stuff" is centered on a family of four living in the Peking Hutongs, a true reflection of the average Chinese life with all the richness and variety of family, neighborhood, work place and even society as a whole.

This TV series provides a realistic window for students to understand Chinese family, friendship and love in addition to the people's interpersonal relationships, outlook on life, social values and so forth.

2. High Comedy Factor:

Compared to previous audiovisual oral teaching aids, this set's strengths are in the laughs.

Every cartoon short provides comedy relief that will make you laugh out loud; "edutainment" fit for stimulating young students' interests.

3. Natural and Vivid Language:

Language is related to the audiovisual oral teaching material audio aspect.

Compared to educational videos filmed expressly for educational purposes, as a cartoon sitcom intended for a Chinese audience, "Happy Stuff" adds more natural and vivid language. It is more appropriate for intermediate and advanced exchange students who have crossed over from the basic Chinese learning level.

Placing them in contact with a learning environment that has been neither filtered nor polished means they will acquire a natural feeling for the language, improving their real-world listening comprehension, thus freeing students from the awkward situation of not understanding most of anything heard outside the classroom.

4. Moderate Video Length

Most audiovisual oral teaching materials are over 30 minutes long, while a unit of language classes in China are usually two class periods totaling 100 minutes, meaning at least a third of the allotted time is devoted to watching the video provided. This restricts the time allotted to explanation and practice which, in addition to the video's level of difficulty, may lead students to feel the class is too long and boring.

Meanwhile, "Happy Stuff" is 9 minutes per episode, just the right length to balance classroom viewing of the video with classroom explanation and practice, meaning students won't tire with the course easily.

II. Teaching Material Introduction and Recommendations for Use

This set of teaching materials is divided into three volumes; each volume is made up of ten intensive learning episodes and five extensive learning episodes, suitable for a semester of two class hours per week.

1. The intensive learning textbook contains five major forms of content, including Chinese and English synopses, vocabulary, language points, knowledge banks and exercises. This textbook contains thorough English translations.

In consideration to other students, the textbook has an appendix providing Russian, Japanese and Korean translations.

In order to facilitate their studies, the teacher can guide students, depending on their native language and Chinese language level, to draw what they need from the translations.

Advanced-level Chinese language students need not use the translations. They can continue on directly to the Chinese audiovisual portion.

To save limited classroom time, we suggest that the teacher ensures that students preview the vocabulary. That way, words that students do not completely understand on their own, in addition to a limited number of key vocabulary, can be explained thoroughly in class.

The synopses use simple language to introduce the plot of the cartoon shorts without providing "spoilers", leaving an element of suspense that leads students to enjoy and look forward to studying while watching fun cartoons.

While leading a class, the teacher while leaving ample space for comprehension should not tell them the entire story and its ending, avoiding making the viewing process dull and ineffective.

The "Language Points" section contains the source, Chinese and English explanations, sentence examples and so forth.

Viewing the cartoon short in addition to the textbook's explanations and examples, students should obtain a fundamental grasp of the language points.

The exercise section has a large number of language practice problems. We suggest the teacher combine language learning and practice, making students learn in order to use, getting immediate results, solidifying the effectiveness of the acquired skills.

The "Knowledge Bank" provides explanations to the cartoon's colloquialisms, proverbs, idioms, trendy words and so forth.

For these forms of expression, the teacher should differentiate between the differing demands for acquiring skills and producing skills training.

Mastering acquired skills precedes and exceeds production skills.

One can require students to first acquire—meaning being able to understand. This is opposed rushing to produce—meaning be able to express oneself.

Because this kind of vocabulary contains rich cultural content, conditions demanded for the use of language are very subtle. The lack of a Chinese language and culture base may lead to improper language and even embarrassing gaffes.

The teacher should first require the students to use standard Chinese to express themselves. There is no need to pressure them to use these word forms, but they should be expected to understand in order to avoid a comprehension barrier and adversely affecting communication.

Through in-depth learning and gradual accumulation, students master these word forms starting at the acquiring stage and then after naturally crossing over to the production stage, cultivating a feel for the language, improving daily how they use Chinese in a more proper, rich and genuine way.

Exercise section: the exercise load is another feature of this textbook.

Exercises are divided up into three sections, including plot comprehension, language point practice and expression practice.

Every class exercise has more than 8 major questions and 50 to 60 smaller questions, giving the teacher an abundant resource to choose from. The teacher can, according to the allotted class time and students' level, choose exercise content. There is no need to use all of the resources provided.

2. The extensive learning text contains three sections including Chinese and English plot synopses, vocabulary words and plot comprehension. The last two sections have fewer items than the intensive learning text. The extensive learning text is not content intended for learning in class; it is rather intended to provide students the opportunity to expand their studies. Students that have comprehension difficulties can use the provided script, slowed-down audio recording, and so forth to aid in resolving any problems.

3. Appendix content includes the cartoon DVDs, slowed-down audio CD, script, general vocabulary lists, and so forth.

The teacher at the start of teaching should provide a detailed introduction, indicating to students how to best make use of the learning materials.

The teacher should instruct based on the materials, encouraging advanced students to not read the script beforehand, then after clearing up any vocabulary difficulties, go straight to viewing the cartoon shorts in order to train listening comprehension.

Meanwhile, for those lower-level students, in the event of any listening comprehension difficulties, one can adopt various methods such as absorbing a general understanding of the original video, listening to the slowed-down audio in pursuit of the details, and looking at the script in order to gain a complete understanding, thus undergoing an accumulative training

III. Principles for Writing Teaching Materials and Creating New Pursuits

1. Attach equal importance to structured learning, skill training, and cultural promotion:

This textbook is geared toward intermediate and advanced students, placing importance on language structure education. The language points provide detailed, in depth explanations in addition to a large number of language point practice.

At the same time, the audiovisual oral course is a classic language skill training class, undertaking the task of training audiovisual comprehension and oral expression ability.

Learning must be student-centered, following the educational principle of detailed explanations and repeated practice, making full use of the teaching materials giving the students plenty of opportunities to practice.

2. Pursuit of Comprehensiveness and Openness

We have drawn on experience from overseas teaching materials, implementing comprehensive teaching, and in addition to rich paper-based teaching materials and convenient multimedia learning aids; we have also set up a blog (http://blog.sina.com.cn/happichinese).

Normally, after the writing of the teaching materials has been completed the system is closed.

The purpose of setting up a blog is to break this closed system, enabling the teaching materials to be active and open. We will place more teaching materials on the Internet in order to encourage teachers and students to interact online.

This textbook was designed by Peking University Press, while six teachers of our school collectively wrote and four foreign exchange graduate students of our school translated.

After completing the initial draft we pilot tested it with our intermediate and advanced level students. Five teachers and over a hundred students did their part as users, writers, translators and publishers, working together to make multiple improvements.

"Happy Chinese" is the crystallization of a team effort. For those teachers and students that poured their heart into the two and a half year process of writing, we express our deep gratitude.

Wang Xiaoling
The School of International Chinese Studies at Shaanxi Normal University

礼物
The Gift 1

情节简介 Plot Synopsis

现在年轻人结婚流行拍"婚纱照"。有些年轻时没有拍过婚纱照的中老年人,也会在结婚纪念日的时候去补拍一套,体验一下穿婚纱的感觉。

老东和老西结婚三十周年纪念日那天,老西也想拍婚纱照,她的愿望实现了吗?他们最后是用什么方式度过这个重要的纪念日的呢?

The youth of today are getting swept up in the "wedding portraits" trend. Meanwhile, middle-aged and elderly couples that missed out on wedding portraits during their youth are now catching up on their wedding anniversaries with a set of wedding photos, experiencing firsthand what if feels like to wear a wedding gown.

On the day of her wedding anniversary with Lao Dong, Lao Xi wants to take a wedding portrait, too. Will her wish come true? How will they end up spending this ever important wedding anniversary?

生词 New Words

1. 婚纱	hūnshā	名	wedding gown
2. 周年	zhōunián	名	anniversary
3. 顶	dǐng	形	be too full
4. 酱菜	jiàngcài	名	vegetables pickled in soy sauce
5. 打折	dǎ zhé		discount

1

6. 按摩椅	ànmóyǐ	名	massage chair	
7. 大餐	dàcān	名	sumptuous meal	
8. 水煮鱼	shuǐzhǔyú	名	the name of a famous dish	
9. 养眼	yǎng yǎn		please the eye	
10. 退	tuì	动	return something already received	
11. 回头	huítóu	副	later; some other time	
12. 系列	xìliè	名	series	
13. 优惠	yōuhuì	动	give preferential treatment	
14. 诚心	chéngxīn	形	sincere and earnest	
15. 亏本	kuī běn		lose money (in business); lose one's capital	
16. 生意	shēngyi	名	business	
17. 套	tào	量	set, a measure word	
18. 外带	wàidài	动	include/provide additionally (for no extra charge)	
19. 款式	kuǎnshì	名	design; style	
20. 布料	bùliào	名	cloth	
21. 合身	héshēn	形	fit well	
22. 旗袍	qípáo	名	chi-pao	
23. 背	bèi	动	do sth. behind sb.'s back; hide truth from sb.	
24. 笔	bǐ	量	a measure word for sums of money; financial accounts	
25. 实用	shíyòng	形	practical; useful	

专名 Proper Nouns

1. 六必居	Liùbìjū		the name of a leading food manufacturing company

礼物 The Gift 1

语言点 Language Points

1. 结婚三十周年我哪儿能不记得啊,再说了,这么多年我哪一次不合格啊!

再说了

补充说明某种情况或原因。如:

Used for additional explanations of a certain situation or reason. For example:

(1) 这个东西这么贵,还是别买了,再说了,放在家里也没有用。

(2) 她遇到这么大的麻烦,我哪儿能不帮她呢?再说了,我们是好朋友。

(3) 天这么冷,我们还是待在家里吧,再说了,已经快天黑了,出去也不好玩儿。

再说了

2. 哦,忘了跟你说了,那大衣我给退了。

给+V

"给"可以直接用在动词前,无实际意义,表示加强语气。可用于主动句和被动句中。常用于口语。如:

"给" can be used directly in front of a verb. It has no actual meaning. It reinforces the tone. It can be used in either active or passive sentences, and is often used colloquially. For example:

(1) 我把杯子给打碎了。(主动句)

(2) 麻烦您给找一下小王。(主动句)

(3) 水龙头坏了,你给修修。(主动句)

(4) 杯子被我给打碎了。(被动句)

(5) 没用的东西叫我给扔了。(被动句)

(6) 自行车被他给骑走了。(被动句)

哦,忘了跟你说了

3. 门票是贵了点儿,那也得进去看看啊!

……是……,那也得……啊

"是"重读,有"的确、确实"的意思;"那也得……啊"表示"那也必须……"。整个句子表示转折意义。如:

"是" is stressed when read, meaning "的确、确实" ("indeed"), "那也得……" means "那也必须……" ("one must still……"). The sentence as a whole expresses transition. For example:

3

(1)工作是很重要,那也得注意身体啊。
(2)这件事是很紧急,那做之前也得先跟父母商量一下。
(3)爱情是很浪漫,那也得考虑现实的生活啊。
(4)没有钱是不行,那也得通过合法的途径挣钱啊。

门票是贵了点儿

4. 门票是贵了点儿,那也得进去看看啊!要不不就白来了吗?

要不不就……吗?

反问句,表示一种假设的结果。陈述句为"要不就……了"。如:

This is a rhetorical question expressing a hypothetical result. The declarative sentence reads as "要不就……了." For example:

(1)快点儿,要不不就迟到了吗?
　　快点儿,要不就迟到了。(陈述句)
(2)我们必须坚持到底,要不不就前功尽弃了吗?
　　我们必须坚持到底,要不就前功尽弃了。(陈述句)
(3)这次你得说实话,要不以后不就没人相信你了吗?
　　这次你得说实话,要不以后就没人相信你了。(陈述句)
(4)这些水果得赶紧吃,要不不就放坏了吗?
　　这些水果得赶紧吃,要不就放坏了。(陈述句)

要不不就白来了吗?

5. 要不是看您这么诚心,我们是绝不会做这种亏本生意的。

要不是……,……绝/绝对/肯定/一定……

假设复句,表示如果没有前一句的条件,就不会发生后一句的结果。如:

A hypothetical compound sentence that expresses the following: if the conditions provided in the first sentence do not exist, then second sentence's result cannot be realized. For example:

(1)要不是你非要我来,我是绝不会来的。
(2)要不是考试前那几天努力复习,他绝对及不了格。
(3)要不是那个时候你一次次地求婚,我肯定不会嫁给你的。
(4)要不是你的帮助,我一定不会取得今天的成功。

大叔,要不是看您这么诚心

6. 不会是背着咱们偷偷下馆子吧。/ 他俩不会又打起来了吧。

不会……吧

表示对不希望发生的未知情况的猜测。如:

Expresses conjecture of unknown circumstances that one hopes will not occur. For example:

不会是背着咱们

(1) 明天不会要下雨吧,如果那样春游就取消了。

(2) 你不会骗我吧。

(3) 他们不会记错见面的地点吧。

知识库 Knowledge Bank

1. **婚纱照(Wedding portrait)**:一般是婚礼前,女方穿着漂亮的婚纱和男方拍艺术照留念,分内景和外景,内景在室内拍,现在更流行去风景美丽的大自然中拍摄外景。这是从西方传入中国的风俗,开始于20世纪80年代,现在很普遍。

2. **老头子(My old man)**:可用于老年夫妇妻子对丈夫的昵称。

3. **吃大餐(Go out to dine on fine cuisine)**:指去饭馆吃比较好的菜。

4. **养眼(Figuratively it means please the eye. It indicates someone or scenery that people enjoy looking at. Literally, nourish the eyes)**:指人或者景物看上去使人觉得享受、舒服。

5. **搞定(Done; taken care of)**:指事情办成了,目的达到了。

6. **黄了(Fall through; come to nothing)**:指事情失败了,计划、愿望落空了。

7. **下馆子(Go out to eat at a restaurant)**:去饭馆吃饭。"馆子"就是"饭馆"。

练习 Exercises

情节理解部分 | **Plot Comprehension Section**

一、边听边答,并把这些问题的答案连成一段话,讲一讲这个故事

Listen and answer, then use the answers to the questions to form a coherent passage of speech, retelling the story.

1. 老东和老西以前的结婚纪念日是怎么过的?

2. 结婚三十周年纪念日老西想要什么?老东对此是什么态度?

3. 拍婚纱照遇到了什么麻烦?最后拍成了吗?

4. 最后,三十周年纪念日是怎么过的?

5. 老东和老西对这个纪念日满意吗?

二、判断句子内容正误

Determine whether the content of these sentences are true or false.

1. 要不是老西提醒,老东差点儿就忘了结婚纪念日。( )
2. 老东以前的结婚纪念日没给老西送过礼物。( )
3. 他们定了最便宜的婚纱照系列。( )
4. 老西试婚纱时觉得婚纱太肥了。( )
5. 婚纱照没有拍成是因为婚纱店里没有老西可以穿的婚纱。( )
6. 老西觉得用拍婚纱照的钱买实用的东西更好。( )
7. 老西以后还想去拍婚纱照。( )
8. 小东和小西最后被爸妈的做法感动了。( )

三、选择正确答案

Choose the correct answer.

1. 以下哪个不是以前老东和老西结婚纪念日的内容?
   A. 去吃大餐 B. 去旅游
   C. 拍婚纱照 D. 送大衣

2. 以前的结婚纪念日老东为什么请老西去吃水煮鱼?
   A. 老西喜欢吃水煮鱼 B. 水煮鱼是大餐
   C. 有免费的水煮鱼   D. 吃水煮鱼的人很多

3. 老东为什么把给老西买的大衣退了?
   A. 大衣不合适 B. 大衣很养眼
   C. 老西不喜欢 D. 大衣太贵了

4. 老东为什么在公园门口给老西照相?
   A. 公园门口景色很美   B. 让别人以为他们进公园玩儿了
   C. 老西不想进公园玩儿   D. 老西觉得门票太贵了

6

礼物 1 The Gift

5. 老东说老西穿上婚纱"一点儿布料也没浪费"是什么意思？
   A. 很合适 B. 衣服太肥了
   C. 老西太胖了 D. 衣服做得很好

6. 婚纱照为什么没拍成？
   A. 婚纱的款式都不适合老西 B. 婚纱照的价钱太贵
   C. 所有的婚纱老西都穿不上 D. 婚纱店不愿做亏本生意

7. 老西看到旗袍店后想干什么？
   A. 想买一件旗袍 B. 想减肥
   C. 想多挣钱 D. 想哭

8. 老东老西很晚还没有回家，小东小西没想到他们去干什么了？
   A. 下馆子 B. 打起来了
   C. 去逛街 D. 拍婚纱照

想一想 从片中哪些地方可以看出老东是个精打细算的人？

语言点部分 Language Points Section

一、填出句子中缺少的词或短语
   Fill in the blanks with words or phrases.

1. 我哪儿能不记得啊，_____，这么多年，哪一次我不合格啊？
2. 五千块的大衣拿来，我去给我那几个老姐妹_____。
3. 那也得进去看看啊，要不不就_____吗？
4. 要不是看您这么_____，在我们这儿站了三个小时，我们是绝不会做这种_____。
5. _____，老婆子，打六折，还外带车接车送。
6. 先试试我们的婚纱_____吧。
7. 我也不想照相这事儿_____。
8. 不会是_____着咱们，_____下馆子了吧。

二、用所给词语或句式完成对话

Use the words or sentences provided to complete the dialogue.

1. A：你为什么辞职？
   B：这家公司的工作太辛苦了，＿＿＿＿＿＿＿＿＿＿＿＿＿＿＿＿＿。（再说了）

2. A：你怎么没写作业？
   B：对不起，＿＿＿＿＿＿＿＿＿＿＿＿＿＿＿＿＿。（给）

3. A：我特别喜欢吃水果，有时候拿水果当饭吃。
   B：＿＿＿＿＿＿＿＿＿＿＿＿＿＿＿＿＿＿＿＿＿。（……是……，那也得……啊）

4. A：吃不了的菜我们打包带走吧，＿＿＿＿＿＿＿＿＿＿＿＿＿＿＿。（要不不就……）
   B：看不出来你还挺节俭的。

5. A：＿＿＿＿＿＿＿＿＿＿＿＿＿＿＿＿＿。（要不是……，……绝/绝对/肯定……）
   B：那得好好感谢人家。

6. A：他怎么还不来？
   B：＿＿＿＿＿＿＿＿＿＿＿＿＿＿＿＿＿＿＿。（不会……吧）

三、用本课学过的词或短语改说下列句子

Use the words or phrases learned in this lesson to rewrite the following sentences.

1. 这束鲜花真漂亮。（养眼）
2. 他肯定是故意找我的麻烦。（诚心）
3. 他在我不知道的情况下看了我的日记。（背/偷偷）
4. 因为天气的原因，计划好的旅游不能去了。（黄了）
5. 放心吧，我已经把演唱会的门票买到了。（搞定）
6. 买电视机送一个微波炉，还送一套餐具。（外带）
7. 今晚别做饭了，咱们去饭馆儿吃吧。（下馆子）
8. 丢了就丢了，以后我再给你买个更好的手机。（回头）

表达部分	Expression Section

一、复述故事内容

Retell the story.

1. 请选择复述你喜欢的一段故事情节 Please select a scene that you liked from the story to retell.

   老西回忆以前的结婚纪念日……

   老东在婚纱店跟服务员讨价还价……

老西试穿婚纱……

老西失望地离开婚纱店,看到了一家旗袍店……

老西决定用拍婚纱的钱给老东买按摩椅……

2. 请选择故事中一个人物,以他(/她)的口吻来复述故事内容,并注意讲述者的性格特点和讲述的对象、地点等 Please select a character from the story and then adopt his or her manner of speaking to retell the story, paying attention to the narrator's personality traits, the audience, the setting, and so forth.

假如你是小东,请你把这件事告诉小北。

假如你是小西,请你把这件事告诉快要结婚的朋友。

假如你是老西,请你把这件事告诉几个老姐妹。

假如你是老东,请你把这件事告诉快要过结婚纪念日的另一对夫妇。

3. 请分组表演这个故事,可以根据自己的想象适当丰富或简化故事情节 Please form groups to re-enact this story. You may use your imagination to either enrich or simplify the story's plot where appropriate.

4. 请想象一下到老东和老西结婚五十周年时的情景,并分组表演 Please use your imagination to script the scene of Lao Dong and Lao Xi's fiftieth wedding anniversary, then form groups to perform.

二、交际练习

Communication exercises

1. 你认为花很多钱拍婚纱照有意义吗?为什么?

2. 你知道父母的结婚纪念日吗?他们是怎么过结婚纪念日的?

3. 说说你的父母之间发生的令你最感动的事。

4. 你收到过的最令你感动的礼物是什么?

5. 你怎样为别人选择礼物?

各人自扫门前雪 2
Clear the Snow from One's Own Front Door

情节简介 Plot Synopsis

　　下雪了,街道组织大家扫雪,会奖励扫雪标兵一台微波炉。老东开始不知道,后来听说了,他前后会有什么不同的表现呢?他会得到微波炉吗?
……

　　It's just snowed and the neighborhood committee is organizing the community to shovel the snow. A new microwave is being offered as the model citizen award for snow removal. In the beginning Lao Dong isn't aware of the award, but after hearing about it how will his behavior change? Will he get the microwave?

生词 New Words

1.	街道	jiēdào	名	community
2.	组织	zǔzhī	动	organize
3.	标兵	biāobīng	名	example; model
4.	微波炉	wēibōlú	名	microwave oven
5.	惨	cǎn	形	miserable; pitiful; sad
6.	圈	quān	量	circle; ring, a measure word
7.	涮	shuàn	动	quick boil
8.	自个儿	zìgěr	代	oneself
9.	配合	pèihé	动	cooperate
10.	积极性	jījíxìng	名	zeal; enthusiasm; initiative

各人自扫门前雪 / Clear the Snow from One's Own Front Door

11. 调动	diàodòng	动	bring into play; mobilize; arouse
12. 安排	ānpái	动	arrange; fix up
13. 任务	rènwù	名	task; assignment
14. 总得	zǒngděi	副	must; have to; be bound
15. 铁锹	tiěqiāo	名	spade; shovel
16. 实在	shízài	副	really; honestly
17. 赶紧	gǎnjǐn	副	lose no time; hasten
18. 丢人	diūrén	形	disgraceful
19. 划破	huá pò		cut the surface of
20. 药膏	yàogāo	名	ointment
21. 阶级	jiējí	名	(social) class
22. 生锈	shēng xiù		rust
23. 帮手	bāngshou	名	helper
24. 照应	zhàoying	动	take care of; look after; attend to
25. 闪	shǎn	动	sprain
26. 可惜	kěxī	形	it's a pity
27. 奇迹	qíjì	名	miracle; wonder
28. 恢复	huīfù	动	recover
29. 套	tào	量	old trick; outmoded method, a measure word
30. 救护车	jiùhùchē	名	ambulance
31. 挺	tǐng	动	stand; endure
32. 伤感	shānggǎn	形	sick at heart; sad
33. 知错就改	zhī cuò jiù gǎi		always correct an error when one becomes aware of it

语 言 点
Language Points

1. 该死,又胖了一圈儿!

该死

常用作责备别人或自责的口头语,表示责备、埋怨、愤恨或厌恶等,在句中作独立语或定语。如:

A pet phrase often used when blaming others or oneself that expresses reproach, blame, indignation or loathing. Within a sentence, it may be used as an independent or subordinate clause. For example:

(1)该死,我又把这事儿给忘了。
(2)该死的密码,我怎么老忘记呢?
(3)这只该死的猫,又偷吃鱼了!

2. 好,那就这么着(zhāo),散会!

这么着

代词,口头语,意思和用法与"这样"相近,代替某种动作或情况,可作主语、宾语、谓语。如:

It is a pronoun used as a pet phrase. Meaning and use is close to "这样", replacing an action or situation. It may be used as a subject, object or predicate. For example:

(1)我觉得这么着不好。
(2)我喜欢这么着,你管不着(zháo)。
(3)好,咱们就这么着吧。
(4)你应该多检查几遍,这么着才不会出问题。

3. 刚才都说什么了?

都

表示总括,在问话时,表示总括对象的疑问代词放在"都"后。如:

It expresses summing up. When used in a question, the interrogative pronoun that it sums up is placed behind "都". For example:

(1)来中国后你都去过哪些地方?
(2)他刚才都说了些什么?
(3)他们刚才都是怎么说的?

12

4. 再说了,这种活儿总得有人干吧,快点儿!

总得

表示在事理上或情理上的必要。如:

It expresses necessity from a reasonable or sensible perspective. For example:

(1) 或者他来,或者我去,明天总得谈一谈。
(2) 这个问题,不管早晚,总得想办法解决。
(3) 你已经毕业了,不能整天玩儿,总得找一份工作吧。
(4) 你这么做,总得给我个理由吧。

这种活儿总得有人干吧

5. 老西,看样子老东是伤着腰了。

V + 着

"着"用在动词后组成动补结构,意思与"V+到"类似,表示达到目的,产生了结果或影响。如:

"着" is used behind a verb to form a complement. It is similar to "V+到" in meaning, expressing attaining a goal, producing a result or an effect. For example;

(1) 我猜着了开头,却没猜着结果。
(2) 钱包丢了三天了,没想到还能找着。
(3) 天冷了,多穿点儿衣服,别冻着。
(4) 今天我去得太晚了,没见着她。

看样子老东是伤着腰了

6. 你的那份我帮(你)扫了就是!

就是(了)

用在陈述句末尾,表示不用犹豫、怀疑,有把事情往小里说的意思。如:

Used at the end of a declarative sentence expressing no need for hesitation or doubt, meaning to play down a certain situation. For example:

(1) 明天我一定准时到,你放心就是了!
(2) 你不知道真假的话,别买就是。
(3) 你要想知道结果,去看看就是了,别在这儿着急了。
(4) 别担心,到时我帮你就是了。

我帮扫了就是

7. 该听的没听见,不该听的倒全听着了!

……倒(是)……

副词,表示转折。用在复句中,可用于前句和后句,表示跟预先想象的、一般的情况、另外句子所提的情况相反。如:

It is an adverb expressing transition. It may be used at either the beginning or the end of

a sentence to express the opposite of an imagined prediction, the opposite of normal circumstances or the opposite of the circumstances that have just been raised in another sentence. For example:

(1)他很穷,人倒是很大方。(用于后句)
(2)本来想早点儿来,没想到倒晚了几分钟。(用于后句)
(3)你说我不对,我倒认为是你不对。(用于后句)
(4)我倒是很喜欢这件衣服,可惜没钱买。(用于前句)
(5)他想得倒容易,做起来就难了。(用于前句)
(6)这个女孩儿倒是很漂亮,就是个子有点儿矮。(用于前句)

不该听的倒全听着了

知识库
Knowledge Bank

1. **姑奶奶**(Originally means great aunt〈father's side〉. It can be used by a female as term of self-importance. Here it is used as a term of respect by a male towards a female):原义为父亲的姑母。借用时,若是女性自称,表示自大,摆架子;若是男性称女性,表示对对方的无奈惹不起。

2. **居委会**(Neighborhood committee):居民委员会的简称,是一定居住范围内的城市居民自己组织设立的一种群众组织,为社区内居民服务,协助政府管理社区各项事务。

3. **街道**(Community office):即街道办事处,是负责管理区(县)内一定地域的政府机构。一般来说,街道办事处的名字是以办事管理区域内的主要街道的名字命名的。

4. **阶级感情**(Literally class affection, now it refers generally to reciprocal care and affection):指相同阶级或不同阶级之间的感情。现泛指人们之间互相关爱等情感。

5. **各人自扫门前雪**(Clear the snow from one's own front door):原句是"各人自扫门前雪,莫管他人瓦上霜",比喻只管自己的事,对别人的事不管不问。

6. **瑞雪兆丰年**(瑞: Lucky, 兆: foretell. It means a heavy winter snowfall foretells a bumper harvest.):瑞:吉利的。兆,预示;显现。意思是说冬天下几场大雪,是来年庄稼获得丰收的预兆。

7. **你看这事闹的**(Used in spoken language short for"你看这事闹得〈多不愉快〉"):用于口语中,可看作是"你看这事闹的(多不愉快)"的补语省略形式,常用于遇到了不好解决的问题,或者发生了意料之外的不愉快的事。

8. **死心眼儿**(Stubborn; a person that takes things too hard):固执;不圆通;比喻性情固执,或者遇事想不开。

练习 Exercises

| 情节理解部分 | Plot Comprehension Section |

一、边听边答,并把这些问题的答案连成一段话,讲一讲这个故事
Listen and answer, then use the answers to the questions to form a coherent passage of speech, retelling the story.

1. 谁组织大家扫雪？老西对扫雪的态度怎么样？

2. 老东开始对扫雪持什么态度？他做了什么事？

3. 老东后来为什么主动去扫雪？

4. 老东第二次出来扫雪后发生了什么事？

5. 最后老东的心情怎么样？

二、判断句子内容正误
Determine whether the content of these sentences are true or false.

1. 下雪后老东一家人都很高兴。（   ）
2. 老西给大家开会布置扫雪任务。（   ）
3. 老东因为滑倒摔伤了,所以不能去扫雪。（   ）
4. 老马不想去扫雪。（   ）
5. 扫雪的时候老西的手划破了。（   ）
6. 老东的腰后来好了,所以去扫雪。（   ）
7. 老东第二次是真的受伤了。（   ）
8. 老西开始时以为老东第二次也是假装摔倒的。（   ）
9. 因为老西扫雪很积极,所以得奖了。（   ）
10. 老东因为没得奖,所以很难过。（   ）

三、选择正确答案
Choose the correct answer.

1. 听说要扫雪后,老东的反应是 _____。
   A. 非常积极　　　　　　　　B. 不想去扫
   C. 认为老西不积极　　　　　D. 假积极

2. 开始老东没去扫雪是因为他_____。
   A. 身体不好　　　　　　　　B. 有其他事
   C. 假装腰疼　　　　　　　　D. 滑倒摔着了

3. 老西叫老马去扫雪时,老马的反应是 _____。
   A. 有点儿不想去　　　　　　B. 非常积极
   C. 说自己有事不能去　　　　D. 认为老西假积极

4. 老东第一次倒在地上时 _____。
   A. 老马认为他是假装的　　　B. 老西知道他是假装的
   C. 是因为滑倒摔着腰了　　　D. 是因为老毛病又犯了

5. 老西回去是给 _____ 拿药膏。
   A. 老马　　　　　　　　　　B. 老东
   C. 老刘　　　　　　　　　　D. 自己

6. 老西回去拿药膏时,老东在 _____。
   A. 做饭　　　　　　　　　　B. 喝着茶听戏曲
   C. 床上躺着　　　　　　　　D. 扫雪

7. _____ 告诉老东今年的扫雪标兵要奖一台微波炉。
   A. 老西　　　　　　　　　　B. 老马
   C. 老刘　　　　　　　　　　D. 一个老头儿

8. 老东后来主动去扫雪是因为 _____。
   A. 有点儿吃醋　　　　　　　B. 腰好了
   C. 想帮帮老西　　　　　　　D. 想得微波炉

9. 老东第二次摔倒_____。
   A. 老马认为他是假装的   B. 又是假装的
   C. 开始时老西认为他是假装的   D. 是因为腰疼摔倒了

10. _____在老马门前堆了一个雪人。
    A. 老东   B. 老西
    C. 老马   D. 小东

想一想 在本片中老东是个什么样的人？从哪些地方可以看出来？老西呢？

语言点部分 | Language Points Section

一、填出句子中缺少的词或短语

Fill in the blanks with words or phrases.

1. 该死,又胖了一_____。
2. 想吃_____做,我要去居委会开会去了。
3. 这个活动希望大家好好_____,把咱们群众的积极性都_____起来。
4. 这是街道_____下来的任务。
5. 不是我不能扫啊,_____不想扫啊。
6. 老西,赶紧扶老东_____,地上凉,我先去了啊。
7. 嫂子,回去看看吧,_____。
8. 这个死老婆子,该听的没听见,_____。
9. 他这么跑_____。我什么也没说啊。老东,没事吧?
10. 别伤感了,_____还是好同志嘛。

二、用所给词或句式完成对话

Use the words or sentences provided to complete the dialogue.

1. A:_____。(该死)
   B:别着急,时间还早,回去取吧。

2. A:_____。(这么着)
   B:我只不过说了实情,我才不管她高兴不高兴。

3. A:_____?(都)
   B:我们学校周围有好几家超市,如家乐福、易初莲花、麦德龙、华润万家等。

4. A：你觉得这件衣服怎么样？
   B：_____。（再说）

5. A：最近我实在是太忙了！
   B：_____。（总得）

6. A：明天我生日你可一定要来呀！
   B：_____。（就是）

7. A：你不是去找王经理了吗？怎么这么快就回来了？
   B：_____。（V+着）

8. A：你们觉得老王这个人怎么样？
   B：_____。（死心眼儿）

9. A：今天的比赛你怎么没参加呢？
   B：_____。（不是……，实在是……）

10. A：他这么说你们怎么都笑呢？
    B：_____。（套）

三、用本课学过的词或短语改说下列句子

Use the words or phrases learned in this lesson to rewrite the following sentences.

1. 想去你自己一个人去吧，我今天没时间。（自个儿）
2. 我们两个刚认识，所以合作得不太好。（配合）
3. 只要没钱，他这个人干什么都不积极。（积极性）
4. 你让小王去办这件事吧。（安排）
5. 你这么说他肯定会生气的。（一……准……）
6. 他穿这件旧衣服怕大家笑他。（丢人）
7. 家里所有的事都她一个人干，没什么人能帮她。（帮手）
8. 你跟他去吧，遇到什么事也可以帮他一下。（照应）
9. 你的篮球打得这么好，这次比赛怎么没参加呢？（可惜）
10. 在中国呆了两年了，离开时她心里很难过。（伤感）

表达部分 | Expression Section

一、复述故事内容

Retell the story.

1. 请选择复述你喜欢的一段故事情节 Please select a scene that you liked from the story to retell.

   老西开完会后……

老东不想去扫雪……

老西回家拿药膏……

老东听说扫雪标兵要奖一台微波炉……

老东突然摔倒了……

2. 请选择故事中一个人物，以他(/她)的口吻来复述故事内容，并注意讲述者的性格特点和讲述的对象、地点等 Please select a character from the story and then adopt his or her manner of speaking to retell the story, paying attention to the narrator's personality traits, the audience, the setting, and so forth.

假如你是小东，请你把扫雪的事告诉小北(小东的女朋友)。

假如你是小西，请你在办公室把扫雪的事讲给你的同事听。

假如你是老马，请把扫雪的事讲给老刘听。

3. 请分组表演这个故事，可以根据自己的想象适当丰富或简化故事情节 Please form groups to re-enact this story. You may use your imagination to either enrich or simplify the story's plot where appropriate.

4. 请续编这个故事或者想象一下其他人会做什么 Please either write an epilogue or use your imagination to describe what other people would have done in the same situation.

第二次摔倒后，老东觉得自己的腰非常疼……

后来大家都知道开始老东的腰并不疼，他是为了得微波炉才去扫雪的，……

过了一段时间又下雪了……

小东去接小北……

二、交际练习

Communication exercises

1. 老东得奖后为什么伤感？他为什么在老马门前堆了一个雪人？
2. 在你们国家如果下雪了，街上的雪怎么处理？
3. 你认为各人自扫门前雪好不好？为什么？
4. 你会为了某种奖励去做一些事吗？为什么？
5. 做公益事情是否需要奖励？请谈谈你的看法。

你在我心里是最美 3
To Me, You Will Always Be the Most Beautiful

情节简介 Plot Synopsis

小西的样子被做成了布娃娃推向市场,受到小朋友的喜爱。小西却对自己的长相不满意,一心要整容变漂亮。经过思想斗争,小西终于决定去整容,这时候碰上了一个抱着布娃娃的小朋友。小西和"小西"相遇了,会发生什么事情呢?

Xiao Xi's likeness has been made into a cloth doll, winning the hearts of children everywhere. Xiao Xi, however, is not happy with her own appearance and is of one mind to become beautiful via cosmetic surgery. After much debate with her family, Xiao Xi finally decides to get a facelift. At this moment, she encounters a little girl carrying a cloth doll in her arms. When Xiao Xi meets "Xiao Xi", what happens next?

生 词 New Words

1.	布娃娃	bùwáwa	名	cloth doll
2.	长相	zhǎngxiàng	名	appearance
3.	整容	zhěng róng		do a facelift
4.	斗争	dòuzhēng	动	struggle
5.	收视率	shōushìlǜ	名	audience rating
6.	琢磨	zuómo	动	consider; ponder
7.	影响	yǐngxiǎng	动	effect
8.	配套	pèitào	动	match
9.	娘	niáng	名	mother

你在我心里是最美
To Me, You Will Always Be the Most Beautiful

10. 称心	chèn xīn		to one's satisfaction
11. 嫌	xián	动	dislike
12. 做主	zuò zhǔ		decide
13. 垫	diàn	动	pad; lift
14. 劝	quàn	动	advise; suggest
15. 反对	fǎnduì	动	oppose; protest
16. 支持	zhīchí	动	support
17. 陪	péi	动	accompany
18. 骨气	gǔqì	名	strength of character
19. 关键	guānjiàn	形	key; pivotal
20. 时刻	shíkè	名	time; moment
21. 投敌	tóu dí		go over to the enemy; surrender
22. 叛变	pànbiàn	动	mutiny; go over to the enemy
23. 女婿	nǚxu	名	son-in-law
24. 不配	bú pèi		not worthy of
25. 模样	múyàng	名	appearance
26. 端正	duānzhèng	形	regular; straight
27. 住口	zhù kǒu		shut up; come off it
28. 整天	zhěngtiān	名	all day
29. 逼	bī	动	force; coerce
30. 挽救	wǎnjiù	动	save; rescue
31. 自信	zìxìn	名	confidence
32. 根源	gēnyuán	名	origin; root
33. 失败	shībài	动	fail; be defeated
34. 梦想	mèngxiǎng	名	dream
35. 巫婆	wūpó	名	witch
36. 自然	zìrán	形	natural
37. 认为	rènwéi	动	think; consider
38. 机会	jīhuì	名	opportunity
39. 娶	qǔ	动	marry (a woman); take a wife
40. 笨蛋	bèndàn	名	idiot; fool

Language Points

1. 这不是比着小西做的吗?

比着

也可以说是"按着"、"照着",意思是根据。如:

One can also say "按着" or "照着", it means "according to". For example:

(1) 这件衣服是比着那件做的。

(2) 比着第一张再画几张。

(3) 这种新玩意儿可不是比着别的做的,是我自己想出来的。

这不是比着小西做的吗

2. 哪一点不称你的心了?

哪(一点)不……?

"哪+否定词……?"反问句加否定表示肯定,加强语气,含有生气的、不满意的感情色彩。如:

"哪+a negative word……?" A rhetorical question plus a negative word expressing a positive. It reinforces the tone, suggesting sentiments of anger and displeasure. For example:

(1) 我哪一天没按时上班啊,为什么扣我工资!

(2) 作业虽然多,但是大家都能完成,哪一个理由能让你不完成?

(3) 你好好看看这些错题,哪一道题你不会做?

(4) 他哪一点没做对,让你生这么大气?

哪一点不称你的心了

3. 都这么高了,还要高到哪儿去?

都……,还……到哪儿去?

表示已经达到很高的程度了,足够了,不需要再……了/不会再……了。如:

Expresses the obtainment of a high degree that something is enough, and something does not need to be or will not be done anymore. For example:

(1) 都这么热了,还会热到哪儿去?

(2) 都很干净了,再洗一遍还会干净到哪儿去?

(3) 咱们都已经够早的了,他们还会早到哪儿去?

(4) 你都够瘦的了,再瘦还能瘦到哪儿去?

都这么高了

你在我心里是最美
To Me, You Will Always Be the Most Beautiful

4. 谁反对你，我就跟他拼了！

谁

"谁"，任指，表示任何人。用在"也、都"前，或"不论、不管、无论"后。如：

"谁" is arbitrary, expressing anyone. It is used either in front of "也/都" or after "不论/不管/无论". For example:

（1）不管是谁，弄坏了就必须负责修好。
（2）这个密码除了我，谁也不知道。
（3）规定就是规定，谁都必须这么做。
（4）既然是公共场所，不论谁都不能抽烟。

跟……拼了

跟某人拼命，意思是付出最大代价和努力以获得胜利。如：

Fight with someone for one's life, meaning expending the highest cost and highest amount of exertion in order to achieve victory. For example:

谁反对你
我就跟他拼了

（1）他要是再这么欺负我，我就跟他拼了！
（2）你竟敢这么说我，我跟你拼了！
（3）敌人上来了！跟他们拼了！

5. 光在我面前就哭过N次了。

光

限定范围，意思跟"只、单"相近。如：

It sets limits, similar to "只/单" in meaning. For example:

（1）光今天就来了五百人，明天肯定还要多。
（2）那个孩子光笑不说话。
（3）别光想着玩儿。
（4）会游泳的不光他一个人，还有其他人。

6. 你整天管她叫丑丫头。

管……叫……

"管……叫……"句型，相当于"把……叫……"，用来称说人或事物，给此人或此事物一个名称。多用于口语。

The sentence pattern "管... 叫..." corresponds with "把... 叫...", used when giving someone or something a name. It appears mainly in spoken language.

你整天管她叫丑丫头

（1）古人管眼睛叫"目"。
（2）他们管我叫兔子。
（3）我们都管她叫老刘。

知识库
Knowledge Bank

1. **你在我心里是最美**(Lyrics from Yu Quan's Chinese pop song,《最美》)：是中国流行歌手"羽·泉"组合的《最美》里的一句歌词。严格说法应该是："你在我心里是最美的"。更多羽泉信息见其网站：http://bbs.yuquan.com。

2. **情景喜剧**(Sitcom〈Situation comedy〉)：一种喜剧形式,有固定的主要演员围绕一个场景,一般每集讲述一个故事。本教材即根据情景喜剧《快乐东西》改编而成。

3. **黄金档**(Primetime)：电视节目播出时,观众数量最多的时间段。一般指晚上八点到十点之间的时间。

4. **投敌叛变**(Originally means crossing over to the enemy camp, but here it is hyperbole, meaning changing standpoint or viewpoint)：原意是指投靠敌人危害国家安全,这里是夸张的手法,意思是说改变之前的立场或者观点、看法等,站到对立面去。

5. **五短青年**(This jokingly describes young people who are short. "五" refers to hands, feet and neck)：开玩笑地形容个子矮小的年轻人,"五"指双手、双脚和脖子。

6. **十月怀胎**(10 month pregnancy. Here it is saying giving birth was no easy task)：怀孕的将近十个月的时间,多形容母亲生孩子不容易或以前做的事过程很艰难或时间很长。

7. **别费那劲儿了**(Don't waste your energy〈on something that is not worthwhile〉)：别再耗费精力了,就算是耗费了也没有效果。

8. **我没生这个女儿**(She's no daughter of mine)：是父母对儿女非常生气的时候说的,意思是她跟我没什么关系。对儿子,可说"我没生这个儿子"。

9. **没骨气**(Lacks a strong will and yields easily. It is used mainly to describe adult men)：意志不坚定,容易屈服。

10. **N+量词**(A trendy term exaggeratingly referring to a behavior that has been repeated numerously)：流行语。指某行为重复了很多次,夸张用法。如：这部电视剧我看了N次。

11. **走到这一步**(〈The situation〉went this far)：意思是"事情发展到这个阶段",常常是指不太好的,让人不愉快、不想接受的情况。

12. **等着瞧**(Wait and see〈as things may just turn out for the better〉)：常用在处于不利情况时,表示将来不利情况会变为有利。也说"走着瞧"。

你在我心里是最美
To Me, You Will Always Be the Most Beautiful

练习
Exercises

情节理解部分 | Plot Comprehension Section

一、边听边答,并把这些问题的答案连成一段话,讲一讲这个故事
   Listen and answer, then use the answers to the questions to form a coherent passage of speech, retelling the story.

   1. 《快乐东西》公司新推出了一个什么玩具？小西感觉怎么样？

   2. 开会的人们对这个玩具有什么看法？所以小西做了什么决定？

   3. 小西回到家里是怎样对家人说出自己的想法的？家人的想法是什么？

   4. 小西来到整容医院之后,发生了什么事情？

   5. 小西最后整容了吗？为什么？

二、判断句子内容正误
   Determine whether the content of these sentences are true or false.

   1. 开会的人们觉得那个玩具可爱才笑。（　）
   2. 小西一开始就不喜欢那个玩具。（　）
   3. 小西的家人觉得小西长得不好看。（　）
   4. 南瓜觉得小西长得好看。（　）
   5. 南瓜陪小西去整容中心是希望她变得好看起来。（　）
   6. 小朋友认为小西和那个布娃娃一样好看。（　）
   7. 只有小西手术不成功,南瓜才能娶小西。（　）
   8. 小西最后放弃了手术。（　）
   9. 小西没有进行手术,娶不到小西,南瓜觉得很失望。（　）
   10. 相貌是爸妈给的,心灵美才是真正的美。（　）

三、选择正确答案
Choose the correct answer.

1. 《快乐东西》是_____。
   A. 一套书 B. 一种有小西娃娃的教材
   C. 一部情景喜剧 D. 黄金档

2. _____推出了《快乐东西》的玩具小西。
   A. 小西的公司 B. 小西的老板
   C. 《快乐东西》公司 D. 小朋友们

3. 小西再也受不了_____。
   A. 玩具做得像她 B. 别人认为她不好看
   C. 那个女同事说的话 D. 化妆

4. 小西要整容是因为_____。
   A. 嫌妈妈太丑遗传给自己 B. 鼻子太低了
   C. 希望做美女 D. 玩具娃娃像自己

5. 小西希望自己的鼻子垫到_____。
   A. 月球 B. 很高
   C. 像大象 D. 眼睛能看到鼻尖

6. _____嫌小西丑。
   A. 小东 B. 小西自己
   C. 爸爸和妈妈 D. 南瓜

7. _____,所以南瓜要陪小西整容。
   A. 南瓜不想让小西难过 B. 小西是五短青年
   C. 小西的家人都不支持小西整容 D. 南瓜要做老西家女婿

8. 小西上班不化妆是因为_____。
   A. 不化妆比化妆漂亮 B. 要吸引别人注意
   C. 要整容给别人一个惊喜 D. 别人都不化妆

你在我心里是最美
To Me, You Will Always Be the Most Beautiful

9. 小西进手术室之前_____。
    A. 很犹豫   B. 对那个布娃娃一直很反感
    C. 南瓜鼓励小西做手术   D. 小朋友不喜欢她

10. 小朋友喜欢布娃娃是因为_____。
    A. 布娃娃是免费的   B. 布娃娃可爱、自然
    C. 小朋友喜欢玩具   D. 布娃娃像小西

想一想 从片中哪些地方可以看出小西希望变成美女？

语言点部分 Language Points Section

一、填出句子中缺少的词或短语
Fill in the blanks with words or phrases.

1. 这是今年最新的动画_____。
2. 收视率很高，再这样_____，我们_____的节目都会受到影响。
3. _____没化妆_____不那么像。
4. 都这么高了，还要_____？
5. 那我就_____都把它做了！
6. 别_____，人家南瓜也没嫌你丑啊！
7. 太可怕了！我得_____。
8. 我陪你去整容！谁反对你，_____了！
9. 从十五岁起，别人都说她是"_____"，光在我面前都_____了！
10. 这布娃娃比你_____，但是它_____、_____，所以小朋友们都喜欢它。

二、用所给词语或句式完成对话
Use the words or sentences provided to complete the dialogue.

1. A：我的手机怎么找不到了？
   B：_____。（好好）

2. A：画得真不错，是自己画的还是？
   B：_____。（比着）

3. A：_____！（哪……不……）
   B：对不起，我以后一定早点儿到。

4. A：怎么大热的天都不开电风扇？
   B：是啊，我也这么说的，可是_____。（嫌）

27

5. A:你应该再写大一点儿,这样大家才能看清楚。
   B:_____?(都……还要……)

6. A:_____,可还是有人比我早。(N次)
   B:这才到哪儿啊,坚持每天都早去,总有一天能成第一个。

7. A:_____。(光)
   B:吃饭应该荤素搭配,那样吃哪儿行啊!

8. A:你知道汉语的"娘"指的是谁吗?
   B:_____。(管……叫……)

9. A:放假就是玩儿,我要痛痛快快地玩儿!
   B:那怎么行,你已经一个星期没学习了,_____。(再这样下去)

10. A:我要研究一下猴子是怎么变成人的。
    B:得了吧,_____。(别费那劲儿了)

三、用本课学过的词或短语改说下列句子

Use the phrases learned in this lesson to rewrite the following sentences.

1. 你应该认真思考思考。(好好)
2. 你原来是反对他的,怎么这么短的时间就变得这么快?(投敌叛变)
3. 这也不行那也不行,究竟怎样才能让你满意?(称心)
4. 我觉得他说的对。(支持)
5. 在紧要的时候,千万沉住气。(关键)
6. 他觉得外面很热就进来了。(嫌)
7. 现在这个时间看电视的人最多了。(黄金档)
8. 我已经去过好几次了,每次他都不在。(N次)
9. 到现在,不论发生什么事情,我们都要一直在一起。(走到这一步)
10. 谁要是再来捣乱,我一定不饶他。(跟他拼了)

表达部分 | Expression Section

一、复述故事内容

Retell the story.

1. 请选择复述你喜欢的一段故事情节 Please select a scene that you liked from the story to retell.

   办公室里,大家在讨论关于黄金档的情景喜剧……

   小西受了打击,回到家里提出整容计划……

   家人好像不太赞成小西的的整容计划……

南瓜支持小西去整容,他们来到手术室门口……

一个小朋友说小西长得像布娃娃……

小西取消了她的整容计划……

2. 请选择故事中一个人物,以他(/她)的口吻来复述故事内容,并注意讲述者的性格特点和讲述的对象、地点等 Please select a character from the story and then adopt his or her manner of speaking to retell the story, paying attention to the narrator's personality traits, the audience, the setting, and so forth.

假如你是小东,请你把小西要变美女这件事情告诉女朋友。

假如你是小西,请你在办公室把这段时间的故事讲给你的同事听。

假如你是南瓜,把小西要变美女的故事讲给你的父母听。

假如你是小朋友,请给你的小朋友们讲讲小西阿姨的故事。

3. 请分组表演这个故事,可以根据自己的想象适当丰富或简化故事情节 Please form groups to re-enact this story. You may use your imagination to either enrich or simplify the story's plot where appropriate.

4. 请续编这个故事或者为这个故事安排一个新的结局 Please either write an epilogue or arrange a new ending for this story.

小西以后可能还会去做整容……

小东有一天觉得自己应该去整容……

小西整容变成美女之后,……

南瓜、小东、老西、老东的样子也做成了布娃娃后,他们是怎么做的?

南瓜变成帅哥之后,……

二、交际练习
Communication exercises

1. 请说说整容的利弊,小西为什么要整容?

小西觉得自己不如同事们漂亮……

整容手术不是万能的,虽然能变成自己想要的样子,但是……

爱美之心人皆有之……

2. 请你讲一个听说过的或者自编的和整容有关的故事。

3. 你对自己的长相满意吗?如果要变漂亮,你要怎么打扮自己呢?

4. 请你说说外表美和心灵美哪个更重要。

5. 你认为一个人的相貌对个人和社会有什么好处或坏处吗?请说出你的理由。

赶场儿 4
Rush from Wedding to Wedding

情节简介 Plot Synopsis

"赶场儿"的原义是指演员在一个地方表演完之后马上到另一个地方去表演。今儿是礼拜天,小西风风火火地也说得去"赶场儿"。她又不是演员,她赶的是什么场呢?

"赶场儿" originally refers to actors hurrying from one place for a performance to another place for a different performance. Today is Sunday, Xiao Xi says in a hustle that she needs to "rush from theater to theater". She is definitely no performer, so what theater is she in such a rush to get to?

生词 New Words

1.	婚礼	hūnlǐ	名	wedding ceremony
2.	婚宴	hūnyàn	名	wedding banquet
3.	溜	liū	动	sneak away
4.	份子钱	fènziqián	名	(wedding) money gift
5.	宣告	xuāngào	动	declare; announce; proclaim
6.	破产	pò chǎn		become bankrupt
7.	未婚	wèihūn	形	single; unmarried
8.	抛	pāo	动	fling
9.	掰嗤	bāichi	动	discuss
10.	补贴	bǔtiē	动	subsidy
11.	零花钱	línghuāqián	名	pocket money
12.	挣	zhèng	动	earn (money, etc.)

30

赶场儿
Rush from Wedding to Wedding 4

13. 桩	zhuāng	量	a measure word for business
14. 买卖	mǎimai	名	business; deal
15. 花车	huāchē	名	wedding procession car
16. 估计	gūjì	动	guess; figure
17. 挖	wā	动	dig
18. 堵	dǔ	动	block
19. 绕	rào	动	take the long way
20. 劳驾	láo jià		polite formula used when one makes a request
21. 爱婿	àixù	名	son-in-law
22. 情投意合	qíng tóu yì hé		find much in common with one another
23. 醉醺醺	zuìxūnxūn	形	drunk
24. 晕	yūn	形	(feel) faint
25. 莫名其妙	mò míng qí miào		without rhyme or reason
26. 灌	guàn	动	fill; pour
27. 风风光光	fēngfēngguāngguāng		grand
28. 过来人	guòlairén	名	someone with experience (in a particular situation)
29. 竞争	jìngzhēng	动	compete
30. 环	huán	名	hoop; ring
31. 戒指	jièzhi	名	(finger) ring
32. 年头儿	niántóur	名	year
33. 轮	lún	动	to take turns

专名 Proper Nouns

| 1. 碧倩 | Bìqiàn | female name |
| 2. 刘娅娜 | Liú Yànà | female name |

1. 你这急猴似的,干吗去啊?

……这……似的

"这"指代前面的主语,起强调作用。"似的"意思为"一样的"。如:

"这" indicates the preceding subject, used to make an emphasis. "似的" has the same meaning. For example:

(1) 看你这饿狼似的,干吗什么都吃啊?
(2) 你这馋猫似的,干吗偷着吃啊?
(3) 你这笨蛋似的,怎么还不会啊?

2. 得,最后一点儿水也没了!

得(dé)

意思指"完了,没有希望了",一般用在句子的开头。如:

Here it means "it's all over", expressing hopelessness. It is usually used at the beginning of a sentence. For example:

(1) 得,你看你把孩子吓哭了。
(2) 得,飞机起飞了,我们赶不上了。
(3) 得,最后一班车也开走了!
(4) 得,最后一个学生也离开了教室!

3. 这得交多少份子钱呐?

多少

不表示疑问,表示需要很多(人、时间、金钱等等)。如:

It isn't interrogative, but expresses the need for a lot (of people, time, money, etc.). For example:

(1) 今天有三个科目的作业,这得花多少时间呐?
(2) 房子那么大,这得花多少钱呐?
(3) 听说有十几位客人要来吃午饭,那得做多少饭呐?

4. 也就是说,你送了五百块的份子钱,就吃了一顿饭?

也就是说

放在句首,引出后面的话是为了对前面的话作进一步解释。如:

Put at the start of a sentence, it sets up an explanation of what has just been mentioned. For example:

（1）朋友结婚,你不能没有表示,也就是说你必须送份子钱。
（2）考上大学,不等于以后就有工作,也就是说,大学毕业后还要到处去求职。
（3）中国方言比较多,但是文字是统一的,所以不影响人们之间的交流,也就是说,学习汉语必须学写汉字。

5. 那你赶来赶去一个花球也没接着?

V+来+V+去……

这个句式表示某人持续做某个动作或行为。如:

This sentence pattern is used to express that someone is carrying out an action or behavior in a continuous manner. For example:

（1）他找来找去一个人也没找着。
（2）你整天写来写去就写了一百个字?
（3）她挑来挑去一件衣服也没挑着。
（4）你打来打去累不累啊?

6. 连鸟都开始谈结婚了。

连A都/也……

这个结构的句子强调A的程度很低,如:

This sentence structure is used to make an emphasis of the low degree of A. For example:

（1）这个人大手大脚,一到月底就连吃饭的钱都没有了。
（2）我刚来中国的时候连"你好"也不会说。
（3）他怎么连自行车也不会骑?

知 识 库
Knowledge Bank

1. **风火轮**(This is a Chinese mythological wheeled weapon that can serve as a superfast vehicle):传说为中国神话人物哪吒(Nézhā)使用的一种兵器。这种兵器有轮子,踩上风火轮,能上天入地,速度非常快。

2. **份子钱**(〈Wedding〉money gift):中国的一种民间习俗和传统,多指别人办喜事,如结婚、生孩子等,亲戚朋友送钱祝贺。

3. **花球**(〈Wedding〉wreath):中国某些地方的风俗。在婚礼上,新娘子向客人们抛花球,如果哪个单身女士接到,她很快就会成为新娘子。

4. **人情大过天**(This means that mutual 〈warm〉 feelings are more important than anything else):意思是说人与人之间的感情比任何事情都重要。

5. **天理**(Heavenly principles; universal truth):任何人都要服从的道理。

6. **海了去了**(It means "a lot" in Beijing dialect):北京话,表示多的意思。

7. **天哪**(Good heavens!):惊叹词,表极度惊讶而发出的声音。常用于不可思议或不敢相信时。

8. **游街示众**(This is a derogatory term referring to the parading and exhibition of an offender in public):以前的一种惩罚方式,让犯罪的人在公众面前接受惩罚,现在不用了。现借指在大街上展示某物,贬义。

9. **先干为敬**(It indicates before toasting one should first drink one's cup dry as a sign of respect to the person to be toasted):敬酒用语。指在酒宴间给别人敬酒时自己先干一杯,表示尊敬对方。

10. **掉一层皮**(This indicates extreme hardship):表示特别辛苦。

11. **哭着喊着**(Crying and shouting in order to beg piteously):又哭又喊地苦苦哀求。

练 习
Exercises

| 情节理解部分 | Plot Comprehension Section |

一、边听边答,并把这些问题的答案连成一段话,讲一讲这个故事
Listen and answer, then use the answers to the questions to form a coherent passage of speech, retelling the story

1. 小西急急忙忙地干什么去?老西知道吗?

2. 小西能洗脸吗?为什么?

3. 小西今天得参加几个朋友的婚礼?需要带什么礼物?

4. 老东为什么说这个月得给小西补贴一些零花钱？

5. 小西参加婚礼迟到了吗？

6. 老女人为什么要感谢小西？小西喝醉了吗？

7. 小西在婚宴上吃饱了吗？为什么？

8. 出租车司机为什么对小西说不要在这两年结婚？

二、判断句子内容正误

Determine whether the content of these sentences are true or false.

1. 小西起床晚了，很着急。　　　　　　　　　　（　）
2. 老东上班才洗脸，在家不洗脸。　　　　　　　（　）
3. 小西踩着风火轮去参加婚礼。　　　　　　　　（　）
4. 参加婚礼得交份子钱。　　　　　　　　　　　（　）
5. 小西参加婚礼是为了接到花球。　　　　　　　（　）
6. 老东说小东小西结婚挣了双份份子钱。　　　　（　）
7. 小西的朋友用七辆车接新娘。　　　　　　　　（　）
8. 老东说婚礼是一个买卖。　　　　　　　　　　（　）
9. 小西喝了一杯酒要了命。　　　　　　　　　　（　）
10. 小西也急着想结婚。　　　　　　　　　　　　（　）

三、选择正确答案

Choose the correct answer.

1. 小西急着去_____。

   A. 上班　　　　　　　　　　B. 参加婚礼
   C. 旅游　　　　　　　　　　D. 约会

2. 小西无法刷牙洗脸，是因为_____。

   A. 停水了　　　　　　　　　B. 要去接花球
   C. 来不及了　　　　　　　　D. 不上班，没有必要刷牙洗脸

3. 小西今天得赶场儿,因为_____。
   A. 工作很忙   B. 有两场演出
   C. 要参加两个朋友的婚礼   D. 有几个约会

4. 婚礼上,新娘抛花球是_____。
   A. 找新郎   B. 找一个新娘
   C. 一种比赛   D. 一个仪式

5. 老西说,办婚礼是一桩好买卖,意思是办婚礼_____。
   A. 可以做生意   B. 可以收到很多份子钱
   C. 可以卖女儿   D. 能向新郎要许多钱

6. 小西说"不急了,花车还在绕城一周,游街示众呐",意思是_____。
   A. 花车在街上展览给大家看   B. 花车遇到堵车了,走得很慢
   C. 花车正在进行游街示众   D. 花车走在绕城的路上

7. 小西说"我到现在一粒米没下肚呐,喝了这杯不是要我的命吗",意思是_____。
   A. 会喝醉的
   B. 会死掉的
   C. 什么都没吃,空腹喝酒会喝醉的
   D. 肚子里没有一粒米,会死的

8. 老女人走错了屋子,可能是因为_____。
   A. 看不见   B. 要给小西敬酒
   C. 人太多   D. 酒喝多了,头脑已经不清醒了

9. 小西一听到新娘抛花球就有了精神,是因为_____。
   A. 小西希望能有好运气,也可以尽快结婚
   B. 小西特别喜欢这个游戏
   C. 小西喜欢花球   D. 小西喜欢热闹

10. 小鸟乙说"这年头儿结婚的海了去了",意思是_____。
    A. 现在结婚到海里去   B. 这年头结婚的人得去大海里
    C. 现在结婚的人特别多   D. 一年到头儿了,结婚的人就特别多

36

赶场儿 4
Rush from Wedding to Wedding

想一想 从片中哪些地方可以看出小西是个热心肠的人？

语言点部分 | Language Points Section

一、填出句子中缺少的词语或短语
Fill in the blanks with words or phrases.

1. 你这_____猴似的，干吗去啊？
2. 得，最后一点水也_____了。
3. 今儿礼拜天，你_____不上班，不洗脸_____啥。
4. 又去参加婚礼？昨儿不是_____赶完吗？
5. 我算好了，碧倩的婚宴我就不吃了，看_____了，就_____出来。
6. 本人正式_____破产。
7. 这个月咱给小西_____点儿零花钱吧。
8. 今天是个结婚的_____日子，我上班路上_____看见七_____花车，都是赶去接_____的，真是全城同婚的_____日子啊。
9. 不急了，花车还在_____城一周，游街示众呐。
10. 小女刘娅娜跟爱婿焦大明_____，在生活中，在工作中，互相帮助。

二、用所给词语或句式完成对话
Use the words or sentences provided to complete the dialogue.

1. A：_____。(急猴似的)
   B：时间来不及了啊！

2. A：_____。(得)
   B：你和老师约好时间了吗？

3. A：看上去，他每天都很忙。
   B：是啊，因为他_____。(双份)

4. A：听说，她_____。(……来……去……)
   B：是啊，她的条件太高了。

5. A：你能陪他去银行吗？他去了两次都没有说清楚。
   B：_____。(也就是说)

6. A：坐出租车时，一定要看好，不能上了黑车。
   B：_____。(绕)

7. A：他学习进步很大，汉语水平提高得很快。
   B：_____！(一直)

37

8. A:你又买了很多股票？你知道吗，股市又下跌了。

   B:_____。(要……的命)

9. A:唉,我有_____。(一肚子)

   B:没关系,你讲出来会好受些的。

10. A:戈壁滩(gēbìtān)上的夏天特别热。

    B:_____！(掉一层皮)

三、用本课学过的词或短语改说下列句子

Use the phrases learned in this lesson to rewrite the following sentences.

1. 国庆节外出旅游的人特别多。(海了去了)
2. 他们的婚礼特别豪华,来了许多客人。(风光)
3. 那人朝我们乱喊乱叫,我们不知道为什么。(莫名其妙)
4. 虽然他是个小偷,但也不应该把他拉到大街上让别人笑话。(游街示众)
5. 我们八点上课,现在已经七点半了,可能要迟到了。(估计)
6. 每个月应该给孩子一点儿钱,他们可以买文具、坐公交车什么的。(零花钱)
7. 有些事情即使不喜欢也得去做,不然会被别人笑话的。(人情大过天)
8. 金融危机的时候,许多企业停产或关闭了。(破产)
9. 他一看屋子里人很多就悄悄出去了。(溜)
10. 当代社会有一种人被叫做"空中飞人",意思是他们很忙,坐着飞机从一个地方赶到另一个地方。(赶场儿)

表达部分 | Expression Section

一、复述故事内容

Retell the story.

1. 请选择复述你喜欢的一段故事情节 Please select a scene that you liked from the story to retell.

   小西一起床就很着急,因为……

   小西连着两天都去参加朋友的婚礼……

   老东很惊讶小西送了五百块钱,,就吃了一顿饭……

   老西很同情小西,对老东说……

   小西担心迟到,对出租车司机说……

   新娘的妈妈为了感谢小西对女儿的照顾,她……

2. 请选择故事中一个人物,以他(/她)的口吻来复述故事内容,并注意讲述者的性格

特点和讲述的对象、地点等 Please select a character from the story and then adopt his or her manner of speaking to retell the story, paying attention to the narrator's personality traits, the audience, the setting, and so forth.

假如你是小西，你有几位朋友在同一天结婚，你会怎样？

假如你是新娘或新郎，你会怎样办婚礼？

假如你是老东，当你听到小西送出的份子钱，你会怎么想？

假如你是老西，今天家里一点儿水都没有了，你会怎样做？

假如你是司机，发表你对集中结婚的看法。

3. 请分组表演这个故事，可以根据自己的想象适当丰富或简化故事情节 Please form groups to re-enact this story. You may use your imagination to either enrich or simplify the story's plot where appropriate.

4. 请续编这个故事或者为这个故事安排一个新的结局 Please either write an epilogue or arrange a new ending for this story.

小西喝醉酒了，……

小西接到了一个花球……

小西遇到堵车，迟到了……

老女人走错了屋子，但她不知道，坐在那儿继续喝酒……

小西结婚了，老东老西在做准备……

二、交际练习

Communication exercises

1. 请说说小西今天的表现，说说小西今天的精神状态可能会怎样。

小西一起床就很着急，有两位朋友要在今天结婚……

我觉得小西今天有些狼狈，因为……

我猜想小西今天的精神状态很差，很疲惫（píbèi, very tired）……

2. 请你讲一个听说过的或者亲身经历过的参加朋友婚礼的故事。

3. 你给朋友送过份子钱吗？因为什么事情？能说说你当时的心情吗？

4. 你认为参加朋友的婚礼跟赶场儿一样，有必要吗？请说出你的理由。

5. 你认为怎样的婚礼形式最浪漫？

6. 你认为结婚的日子很重要吗？请说出你的理由。

一人有一个梦想 5
Everyone Has a Dream

情节简介 Plot Synopsis

每一个人都有梦想，有的梦想很伟大，有的梦想很实际。有人为了实现梦想而不断努力，有人只是停留在梦想阶段，从不行动。那么，老东和老西各自的梦想是什么呢？他们为了实现梦想会怎样做呢？最终他们的梦想实现了吗？

Everybody has a dream, some dream of great things to come while others keep it realistic. Some will toil tirelessly to realize their dreams while others remain stuck with simply dreaming, never putting words into action. For Lao Dong and Lao Xi, what does it mean to have one's own dream? What will happen when they try to realize their dreams? In the end, do their dreams come true?

生词 New Words

1.	赛跑	sàipǎo	动	race
2.	争	zhēng	动	contend
3.	冠军	guànjūn	名	champion
4.	抽风	chōu fēng		go crazy
5.	再接再厉	zài jiē zài lì		redouble one's efforts
6.	季军	jìjūn	名	third place
7.	马拉松	mǎlāsōng	名	marathon
8.	亚军	yàjūn	名	second place
9.	翻跟头	fān gēntou		turn a somersault; somersault
10.	发昏	fā hūn		feel giddy; feel dizzy

一人有一个梦想
Everyone Has a Dream

11. 举办	jǔbàn	动	hold; run; conduct
12. 开锁	kāi suǒ		open a lock; unlock
13. 约束	yuēshù	动	check; restrain; control; restrict
14. 曾经	céngjīng	副	once; formerly
15. 体育	tǐyù	名	sport
16. 跟踪	gēnzōng	动	track; trail
17. 低调	dīdiào	形	low-keyed
18. 过瘾	guò yǐn		enjoy oneself to the full
19. 运动员	yùndòngyuán	名	athlete
20. 速度	sùdù	名	speed
21. 胃病	wèibìng	名	gastric diseases; stomach trouble
22. 患得患失	huàn dé huàn shī		worry about personal gains and losses
23. 撑	cheng	动	overfill
24. 肋骨	lèigǔ	名	rib
25. 碰	pèng	动	meet by chance; run into
26. 保证	bǎozhèng	动	guarantee
27. 拼	pīn	动	go all out in doing
28. 表态	biǎo tài		make one's stand public
29. 拉拉队	lālāduì	名	cheerleaders
30. 哼哼	hengheng	象声	sounds of continual groaning
31. 勉强	miǎnqiǎng	动	force sb.to do sth.
32. 唠叨	láodao	动	chatter; be garrulous
33. 招	zhāo	名	trick; move
34. 追究	zhuījiū	动	look into; get to the roots of (a matter)
35. 额头	étóu	名	forehead
36. 腿	tuǐ	名	leg
37. 鸭子	yāzi	名	duck
38. 陪练	péiliàn	名	train together
39. 赔	péi	动	pay for; compensate for

专 名 Proper Nouns

1. 刘长河　　Liú Chánghé　　Name of Lao Dong's coach
2. 甄子东　　Zhēn Zǐdōng　　Lao Dong's full name

语言点 Language Points

1. 为的就是争个冠军。

　　为的就是……

　　　强调目的是什么。如：

　　　It emphasizes what one's purpose is. For example:

　　（1）我来中国,为的就是学习汉语。
　　（2）我学习汉语,为的就是找个好工作。
　　（3）我努力存钱,为的就是周游世界。

为的就是争个冠军

2. 我小时候还被一个教练跟踪呢,叫啥来着？叫刘长河。

　　……来着

　　　助词,用在句末,表示回忆某事。用于口语。如：

　　　An auxiliary word used at the end of a sentence indicating remembering something that occurred in the past. It is used in spoken language. For example:

　　（1）你都忙什么来着？
　　（2）他刚才还在这儿来着,怎么一转眼就不见了？
　　（3）上个星期你是不是去看兵马俑来着？
　　（4）原来我有这本词典来着,后来送朋友了。

叫啥来着

3. 在一旁过干瘾有什么劲啊？

　　有什么……？

　　　"什么",疑问词,疑问句表示否定。"有什么劲"意思是没趣儿,没有意思。如：

　　　"什么" is a interrogative word, here it is used in a rhetorical question means the negative, "有什么劲" means boring, no fun. For example:

42

一人有一个梦想
Everyone Has a Dream

（1）只看不做有什么劲啊？
（2）你只会说，不亲自动手有什么劲？
（3）在一旁干听有什么意思？
（4）这个地方这么糟，有什么好玩儿的？

在一旁过干瘾有什么劲

4. 明儿老爸就要参加比赛了，咱就算不支持，也得表表态吧。

……就算……，也……

让步关系复句，表示虽然不做A事，也要做与A有关的B事。如：

This is a compound sentence that makes a concession, expressing that even if matter "A" is not done, matter "B" (which is related to "A") must still be done. For example:

（1）明儿同学们要正式比赛了，咱就算不参加，也得去喊加油吧。
（2）咱们就要离开了，就算不和他见面，也得打个电话吧。
（3）宴会就要开始了，咱就算不喝酒，也得坐在那儿吃点儿菜吧。
（4）朋友明天就要到了，就算不到机场去接，也得在家准备好吧。

也得表表态吧

5. 别说肋骨摸不到，再吃，连腿你都摸不到。

别说……，再……，连……都……

这个句式表示继续一种情况的话，结果会进一步严重。如：

This sentence pattern expresses that if a situation were to continue, the outcome would be even more severe. For example:

（1）别说中国文化学不到，再玩儿，连最基本的知识你都学不到。
（2）别说好姑娘找不到，再不努力工作，连最一般的女孩子你都找不到了。
（3）别说卧铺票买不到，再过两天，连硬座车票你都买不到了。

连腿你都摸不到

知识库
Knowledge Bank

1. **寿星**(The Chinese mythological god of longevity symbolizing long life)：中国神话中的长寿之神，为福、禄、寿三星之一，中国人多把长寿老人比作寿星。

2. **好苗子**(Literally, it means a sprout. Here it is a metaphor for youth with certain talent)："苗子"本来指植物的幼苗。比喻某方面有发展前途的青少年。

3. **五方道神** (Taoist deities of the Five Cardinal Points〈East, South, West, North and Center〉)：是道教初创时期的五方神灵,为东南西北中五方之天神。

4. **都是命**("命"refers to the Buddhist concept of fate)：命,即命运。佛教认为人生下来一切事情都注定了。

5. **抽的什么风**：("抽风"indicates that someone is behaving very abnormally. It is mainly used in spoken language)：抽风,指某人行为非常不正常,多用于口语。

6. **过干瘾**(It means that while one has enjoyed oneself, it was all for naught)：干,空,白。过干瘾指空过瘾。

7. **有生之年**(One's remaining years. Used mainly in reference to the elderly)：一生之中最后的时间。多用于老年人。

8. **以智取胜**(Rely on wits in order to win)：凭借智慧获取胜利。

9. **到嘴的鸭子还要吐出来**(This expresses having to give up what one has already reaped)：表示要放弃已经得到的好处。

10. **铁定**(Make an ironclad decision)：确定无疑,坚定不移。

练习 Exercises

情节理解部分 | **Plot Comprehension Section**

一、边听边答,并把这些问题的答案连成一段话,讲一讲这个故事

Listen and answer, then use the answers to the questions to form a coherent passage of speech, retelling the story.

1. 老西认为老头子怎么了?

2. 小东和老东今天干什么去了? 老东感觉怎样?

3. 老东在小时候有一件什么值得骄傲的事情?

4. 老西为什么晚上不吃主食?

5. 老东建议老西用什么办法减肥?

44

一人有一个梦想
Everyone Has a Dream

6. 在跑步的过程中,老西向老东要什么?她说如果老东不给,就会怎样?

7. 老东参加了什么比赛?他得了冠军吗?

8. 在比赛中,老东遇到什么人了?他和那个人说话了吗?

二、判断句子内容正误
Determine whether the content of these sentences are true or false.

1. 老东认为人生是一场赛跑。   （ ）
2. 老东为能参加国际老年人马拉松长跑比赛,特别兴奋。（ ）
3. 老东太老了,头经常发昏。   （ ）
4. 老东小时候就喜欢长跑,而且跑得很快。   （ ）
5. 老东长大后成为长跑运动员。   （ ）
6. 老西不吃晚饭。   （ ）
7. 小西决定为爸爸长跑比赛加油。   （ ）
8. 老东把到嘴的鸭子肉吐掉了。   （ ）
9. 老东明年还要参加老年人马拉松比赛。   （ ）
10. 老西说,有梦想就要去实现。   （ ）

三、选择正确答案
Choose the correct answer.

1. 老东和小东今天跑了_____公里。
   - A. 16   B. 20
   - C. 6   D. 26

2. 老东小时候,还曾经被一个教练_____过。
   - A. 教训   B. 跟踪
   - C. 指导   D. 表扬

3. 老东说,_____了会得胃病。
   - A. 气坏   B. 急坏
   - C. 饿坏   D. 高兴

4. 老西有一个梦想是_____。
   - A. 摸到自己的肋骨   B. 能数清自己的肋骨
   - C. 得冠军   D. 能真的瘦下来

5. 老西为了减肥,和老东一起_____。
   A. 吃鸡腿　　　　　　B. 长跑
   C. 参加马拉松比赛　　D. 跑三个月

6. 小西建议小东一起去_____。
   A. 为老东加油　　　　B. 参加比赛
   C. 跑步　　　　　　　D. 找第三个人

7. 老西在老东参加比赛时对老东说_____。
   A. 一定要得一个冠军　　B. 不要勉强自己,身体最重要
   C. 要撑住　　　　　　　D. 明年再来

8. 比赛过程中,刘长河让老东_____。
   A. 离开　　　　　　　B. 不要比赛
   C. 作一名运动员　　　D. 站住

9. 老东认为老西不可能减肥,因为_____。
   A. 老西吃得太多　　　B. 老西不跑步了
   C. 老西不参加比赛　　D. 老西的命不好

10. 老东认为刘长河教练让他站住是为了_____。
    A. 让他赔玻璃　　　B. 停止比赛
    C. 当运动员　　　　D. 额头的事

想一想　片中告诉了我们哪几个人有梦想?是什么梦想?实现了吗?

语言点部分　Language Points Section

一、填出句子中缺少的词或短语

Fill in the blanks with words or phrases.

1. 这_____老头子,又抽的_____啊。
2. 寿星老翻_____,老得发_____。
3. 人家看出你老爸是一根体育_____啊。
4. 晚上不能吃_____,要不胖_____速度加倍。

46

一人有一个梦想
Everyone Has a Dream 5

5. 知道什么叫_____吗？就是你饿得要死，结果吃_____了，下回饿的时候还是吃_____了。

6. 只要三个月，你就能数清自己肋骨有多少_____啦。

7. 我的鸡腿，我的鸡腿，死老头子，我跟你_____啦。

8. 明天老爸就要参加比赛了，咱就算不支持，也得表_____吧。

9. 老爸，有这个人帮你实现梦想，不怕你_____不着冠军呐。

10. 老头子，要是撑不住了，可别_____自己，还是身体重要啊。

二、用所给词语或句式完成对话
Use the words or sentences provided to complete the dialogue.

1. A：_____。(唠叨)
   B：可是，你总是忘啊！

2. A：_____。(没希望)
   B：还说不定呢。

3. A：可能时间来不及了。
   B：是啊，_____。(只好)

4. A：别以为这事就过去了，我_____。(追究)
   B：我已经准备好了。

5. A：你们还能和好吗？
   B：唉，这_____，随缘吧。(命)

6. A：钥匙就在餐桌上。
   B：可是没电，我看不见，又_____。(摸不到)

7. A：我不能参加学校运动会。因为我跑不快，又不会打球什么的。
   B：_____。(参与)

8. A：网上购物比较便宜，为什么？
   B：因为_____。(中间环节)

9. A：我要在_____。(有生之年)
   B：好啊！我们支持你。

10. A：他的汉语说得特别漂亮，可是为什么不参加汉语大赛呢？
    B：_____。(低调)

三、用本课学过的词或短语改说下列句子
Use the phrases learned in this lesson to rewrite the following sentences.

1. 一个人在任何时候都应该不断努力。(再接再厉)

2. 她年纪太大了,有点儿糊涂。(发昏)

3. 好像那个人一直跟着我们。(跟踪)

4. 我们只是在一旁观看,不能亲自试一试,多没意思。(有什么劲儿)

5. 这些饺子是我们自己包的。(亲手)

6. 别跑了,我实在没有力气了。(跑不动)

7. 如果你需要帮助,就告诉我。(要是)

8. 你别担心,我知道应该怎样做。(心里有数)

9. 没有别的办法了,我们只好用最后这个方法了。(一招)

10. 大家动作快点儿,如果还不快点儿,我们可能什么车都坐不上了。(别说……,再……,连……)

表达部分 Expression Section

一、复述故事内容

Retell the story.

1. 请选择复述你喜欢的一段故事情节 Please select a scene that you liked from the story to retell.

   老东今天很高兴,因为……

   小东陪着老东长跑,因为……

   老西想减肥,老东建议她……

   小西建议小东和自己去……

   老西还是吃得很多,所以老东说……

   在比赛时,老东听到有一个人叫他……

2. 请选择故事中一个人物,以他(/她)的口吻来复述故事内容,并注意讲述者的性格特点和讲述的对象、地点等 Please select a character from the story and then adopt his or her manner of speaking to retell the story, paying attention to the narrator's personality traits, the audience, the setting, and so forth.

   假如你是老东,你会去参加市里举办的国际老年人马拉松比赛吗?

   假如你是老西,你会采取怎样的方法减肥?

   假如你是小西,你会去现场为老东加油吗?

   假如你是小东,你会陪着老东一块儿长跑吗?

   假如你是老东,当听到你小时候的教练叫你,你会怎样?

一人有一个梦想
Everyone Has a Dream

3. 请分组表演这个故事，可以根据自己的想象适当丰富或简化故事情节 Please form groups to re-enact this story. You may use your imagination to either enrich or simplify the story's plot where appropriate.

4. 请续编这个故事或者为这个故事安排一个新的结局 Please either write an epilogue or arrange a new ending for this story.

　　老西坚持长跑，……

　　老东在马拉松比赛中获得了冠军……

　　老东在马拉松比赛中晕倒了……

　　老东在马拉松比赛中本来一直跑在前面，突然腿抽筋（chōujīn, cramp）了……

　　老东在马拉松比赛结束后，和刘长河一起去喝茶……

二、交际练习
   Communication exercises

1. 请说说老东今天的表现，说说老东今天的心情可能会怎样。

　　老东今天歌声不断，因为……

　　我觉得老东今天太兴奋了，因为……

　　我猜想老东今天的心情很差，因为……

2. 请你讲一个听说过的，或者参加过的一次比赛。
3. 你喜欢马拉松赛跑吗？
4. 你认为有了一个梦想就一定要去实现吗？请说出你的理由。
5. 你认为怎样做才能实现自己的梦想？
6. 你认为小时候的梦想没有实现，可能的原因是什么？遗憾吗？请说出你的理由。

大买卖 6
The Big Score

情节简介 Plot Synopsis

大伟是小东的朋友,他叔叔给他留下一些遗产,没想到是一仓库墨镜。他按批发价卖给小东一些。这么多墨镜,小东是怎么处理的?他卖掉了吗?怎么卖的?卖的过程中又会发生什么事呢?

Xiao Dong's friend, Da Wei, is surprised to find that his uncle left him a warehouse of sunglasses as inheritance. He decides to sell them at wholesale prices to Xiao Dong. How will Xiao Dong handle that many sunglasses? Does he sell them off? How will he sell them? What might happen in the process?

生词 New Words

1.	墨镜	mòjìng	名	sunglasses
2.	遗产	yíchǎn	名	inheritance
3.	仓库	cāngkù	名	warehouse
4.	批发价	pīfājià	名	wholesale price
5.	一辈子	yíbèizi	名	all one's life
6.	见证	jiànzhèng	动	witness
7.	现场	xiànchǎng	名	scene of an accident
8.	仗义	zhàngyì	形	be loyal (to friends)
9.	出厂价	chūchǎngjià	名	factory price
10.	友情	yǒuqíng	名	friendship
11.	世代	shìdài	名	generations

大买卖
The Big Score 6

12.	早市	zǎoshì	名	morning market
13.	网上	wǎngshang	名	internet; online
14.	交易	jiāoyì	名	deal
15.	注册	zhùcè	动	register
16.	信息	xìnxī	名	information
17.	放心	fàng xīn		set one's mind at ease
18.	看不上	kàn bu shàng		treat sth with contempt
19.	交货	jiāo huò		make a delivery
20.	镜片	jìngpiàn	名	eyeglass lens
21.	小摊儿	xiǎotānr	名	stall; stand; booth
22.	风吹日晒	fēng chuī rì shài		get a sunburn and/or windburn
23.	料	liào	名	makings; stuff
24.	钞票	chāopiào	名	paper money; money bill; bank note
25.	阻碍	zǔ'ài	名	obstacle; impediment
26.	咨询	zīxún	动	consult
27.	销售	xiāoshòu	动	sell
28.	意识	yìshi	名	consciousness
29.	具备	jùbèi	动	have
30.	基本	jīběn	形	basic
31.	头脑	tóunǎo	名	brain; mind
32.	摊位	tānwèi	名	stall; booth
33.	拥挤	yōngjǐ	动	crowd; push and squeeze
34.	排队	pái duì		line up
35.	服	fú	动	accept (facts or reality); submit to; abide by
36.	算账	suàn zhàng		do accounts
37.	干扰	gānrǎo	动	disturb
38.	净赚	jìng zhuàn		net; clear
39.	遭	zāo	动	meet with; suffer
41.	劫	jié	动	raid; rob
42.	网络	wǎngluò	名	network
43.	骗子	piànzi	名	swindler; cheat; trickster

专名 Proper Nouns

廊坊　　Lángfáng　　A city in Hebei Province

Language Points

1. 怎么也得留点儿好东西给我吧

怎么也得……

用于口语,意思为:"不管怎么样也应该……","按最差/少估计也……",。如:

It is used in spoken language, means "no matter what..." or "according to the worst case scenario/lowest estimate". For example:

(1) 他这个病要完全恢复怎么也得半年。
(2) 买这样一台电脑怎么也得三四千块。
(3) 今年的苹果怎么也得五块一斤。
(4) 参加婚礼,怎么也得穿一件好衣服吧!

2. 我要亲自见证这历史的一刻!

亲自

修饰动词,强调动作、行为由自己直接进行,"亲"也可以和表示身体一部分的"口、耳、眼、手"等结合。如:

It modifies verbs and emphasizes actions. It means behavior is done personally. For example:

(1) 她亲自动手为孩子做了一桌菜。
(2) 这件事需要你亲自去办理。
(3) 市长亲自带领我们参观了博物馆。
(4) 这件事是他亲口对我说的。
(5) 我亲眼看见他俩一起出去的。
(6) 我亲耳听他这么说的。

3. 那可真是墨镜的海洋啊!

可

表示强调语气,多用于口语。如:

Expressing an emphasis in tone, it can indicate low to high degrees. It is found mainly in spoken language. For example:

(1) 我可没这么说过。
(2) 我可说不好,还是算了吧。
(3) 这么重要的事,你可不能粗心大意呀!
(4) 他的汉语说得可真好!

那可真是墨镜的海洋啊

4. 要说大伟还真够仗义。

要说……

常用于口语中,"要说"引出话题,如:

It is often used in spoken language. "要说" is followed by a topic of conversation. For example:

(1) 要说工作辛苦,还得数他!
(2) 要说做菜,还是他最在行。
(3) 要说这几个地方,哪儿都比不过海南。
(4) 要说手机,我还是喜欢功能少一点儿的。

要说大伟还真够仗义

5. 我还是上早市练摊儿去。

还是……

表示经过比较、考虑,在可供选择的东西、状况或过程中的挑选,用"还是"引出所选择的一项。如:

"还是" is followed by something, a situation or a process that has been chosen after comparison and consideration. For example:

(1) 坐车堵得太厉害了,我看还是走路去吧。
(2) 我觉得还是按她说的做比较好。
(3) 国庆节你还是别出去旅行了,人太多了。
(4) 你还是穿这件红的比较漂亮。

我还是上早市练摊儿去

6. 做买卖的不怕贵,就怕不贵。

不怕……就怕……

"怕,"表示疑虑、担心,句式表示选择。如:

"怕" expresses misgivings and worry. The sentence pattern expresses making a choice. For

example:

(1) 不怕犯错误,就怕犯了错误不改正!

(2) 不怕慢,就怕站!

(3) 不怕一万,就怕万一!

(4) 老板不怕你砍价,就怕你不来。

(5) 不怕不识货,就怕货比货。

7. 这也太贵啦!

也

表示委婉语气。去掉"也"字,句子意思不变,但语气就显得直率,甚至生硬,听话人也许不满意。如:

It expresses a tactful tone. If "也" is removed the meaning of the sentence remains the same but the tone becomes markedly frank, perhaps even unnatural, leading to the listener's potential displeasure.

(1) 情况也不一定像你说的那样吧,我们得再调查调查。

(2) 你也不是别人,我把实情都告诉你吧。

(3) 昨天的节目倒也不错。

(4) 难怪她不高兴,你也太不客气了!

8. 商场里卖好几百呢。

好

表程度的副词,多用在"几 + 量词"或形容词前,强调程度深。如:

It is an adverb expressing degree, mainly used in front of "几 + 量词" or "形容词", emphasizing a deep level. For example:

(1) 外边来了好几个人。

(2) 我有好几年没回过家了。

(3) 我已经等了你好久了,你怎么才来?

(4) 小西今天打扮得好漂亮啊!

9. 你就和我一起干吧,接个电话什么的。

动 + 个 + 宾语

常常连用两个,有时后面加"什么的"表省略,整个语句显得轻快、随便。如:

Two variants of this pattern are often used in succession, sometimes adding "什么的" afterwards, indicating omission, making the entire sentence noticeably light-hearted and informal. For example:

(1) 他就爱画个画儿、写个字什么的。
(2) 他经常去那儿吃个饭、喝个茶什么的。
(3) 走了一天了,先洗个澡,睡个觉,休息休息。
(4) 周末有空吗?咱们一起去看个电影,或者吃个饭吧。

10. 年轻啊!不服不行啊!

不……不行

不行,表示不可以。句式强调"一定得……","只能……",如:

"不行"means not alright. The sentence pattern emphasizes"one must…". or"one can only…". For example:

(1) 明天的会议你不参加不行。
(2) 学汉语不写汉字不行。
(3) 这种考试不早做准备不行。
(4) 他的能力,你不承认不行。

知识库
Knowledge Bank

1. **网上商店(Online store):** 也称为网店,是指建立在第三方提供的电子商务平台上的、由商家自行开展电子商务的一种形式,现在中国最大的电子商务平台是淘宝网(www.taobao.com),许多人在那里开网店做买卖。

2. **二道贩子(It is a derogatory term for someone who resells something just purchased at a profit. Scalper.):** 指从别人手中买进货物,转手倒卖,从中获取利益的人。因为他不是直接的生产者或者第一个卖这个产品的人,所以叫"二道贩子",一般含有贬义。

3. **练摊儿(Set up a vendor's stall):** 口头语。指在小摊儿上从事买卖活动。

4. **冤大头(It is a mocking term for someone who spends frivolously.):** 指本来不必花而却多花了钱的人,含有讽刺的意味。

5. **我看……也是这块料**("是这块料"means has the right stuff〈for the task at hand〉.):料,材料,这里指具有某种才能和本领,能胜任某事的人。"是这块料"意思是适合做某事。

练习
Exercises

情节理解部分 | **Plot Comprehension Section**

一、边听边答，并把这些问题的答案连成一段话，讲一讲这个故事
Listen and answer, then use the answers to the questions to form a coherent passage of speech, retelling the story.

1. 大伟认为他叔叔会给他留下些什么东西？打开仓库后为什么吃惊？

2. 小东的墨镜是大伟送的吗？小东觉得大伟怎么样？

3. 老西想怎么处理这些墨镜？老东同意吗？

4. 老西卖墨镜的过程中发生了哪些事？怎么解决的？

5. 小东是怎么卖墨镜的？最后结果怎么样？

二、判断句子正误
Determine whether the content of these sentences are true or false.

1. 大伟的叔叔在仓库给他留下很多东西，其中大部分是墨镜。（ ）
2. 大伟卖给小东十几包墨镜。（ ）
3. 老东觉得做二道贩子没经验，所以不同意去卖墨镜。（ ）
4. 小东在网上开了个网店卖墨镜。（ ）
5. 老西一边在网上卖墨镜，一边摆小摊儿。（ ）
6. 开始的时候老西的生意很好。（ ）
7. 老西把墨镜批发给了旁边的小贩。（ ）
8. 老西在小摊儿卖的墨镜不如小东在网上卖的多。（ ）
9. 因为小东在网上卖得便宜，所以顾客很多。（ ）
10. 小东最后出车祸受伤了。（ ）

三、选择正确答案
Choose the correct answer.

1. 小东的十几包墨镜是_____。
   A. 大伟送的   B. 大伟卖给他的
   C. 小东自己批发的   D. 小东在网上买的

2. 老东不同意小东去卖墨镜是因为_____。
   A. 觉得卖墨镜不赚钱   B. 认为做二道贩子丢人
   C. 觉得小东没经验   D. 怕卖墨镜太辛苦

3. 小东认为网上开店_____。
   A. 很容易   B. 很新鲜
   C. 经常上当 D. 比较麻烦

4. 老西第一天卖的不多是因为_____。
   A. 墨镜质量不好 B. 竞争太激烈
   C. 价钱太贵   D. 价钱太便宜

5. 小东在网上卖的墨镜多是因为_____。
   A. 价钱便宜 B. 认识的人多
   C. 价钱贵   D. 广告做得好

6. 老西小摊儿旁边的人也开始卖墨镜是因为_____。
   A. 觉得卖墨镜比较赚钱   B. 当时流行戴墨镜
   C. 小东把墨镜批发给了他们   D. 大伟把墨镜批发给了他们

7. 遇到竞争以后老西是怎么办的？_____。
   A. 帮小东在网上卖东西 B. 请人给自己宣传
   C. 在网上做广告   D. 降价

8. 老东和小西认为老西_____。
   A. 是很好的战士 B. 很能干
   C. 没有小东能干 D. 有点儿丢人

9. 最后小东的墨镜_____。

    A. 批发给其他人了　　　　B. 都在网上卖完了

    C. 被骗子抢跑了　　　　　D. 在路上丢了

10. 小东出事以后老西是什么态度？_____

    A. 鼓励　　　　　　　　　B. 责备

    C. 后悔　　　　　　　　　D. 抱怨

想一想 在本片中老西是个什么样的人？从哪儿可以看出来？

语言点部分　Language Points Section

一、填出句子中缺少的词或短语

Fill in the blanks with words or phrases.

1. 你说我叔他做了一辈子生意，_____留点儿好东西给我吧。
2. 我要_____见证这历史的_____。
3. 我们上交易网_____一下，就可以把我们的交易信息_____上去。
4. 这货你绝对_____，用好再来啊。
5. 你越要得_____，人家就越_____你的货！
6. 我还要去另一个地点_____，你自己好好_____吧。
7. 您就别坐胡同口_____了，我看，妈您也是这块_____，您就和我一块儿干吧。
8. 恭喜您已经_____基本的_____了！
9. 请大家不要_____，人人都有，请大家_____。
10. 儿子，哪儿_____的，哪儿_____起来！

二、用所给词语或句式完成对话

Use the words or sentences provided to complete the dialogue.

1. A：这次出差你要多少天？

   B：_____。(怎么也得)

2. A：来中国后你最喜欢吃的菜是什么？

   B：_____。(要说……还……)

3. A：_____。(这么着)

   B：没关系，我们互相都很了解，他不会不高兴的。

4. A：你觉得这件衣服多少钱？

   B：_____。(好)

5. A:你能帮我个忙吗?

    B:不好意思,我最近时间紧张,＿＿＿＿＿＿＿＿＿＿＿＿?(要不)

6. A:这个活动我不参加可以吗?

    B:＿＿＿＿＿＿＿＿＿＿＿＿＿。(不……不行)

7. A:这本书你看过吗?

    B:＿＿＿＿＿＿＿＿＿＿＿＿＿!(连……都……)

8. A:最近你的汉语水平有没有提高呀?

    B:＿＿＿＿＿＿＿＿＿＿＿＿＿。(越……越……)

9. A:我觉得汉语很难,学起来有点儿困难。

    B:＿＿＿＿＿＿＿＿＿＿＿＿＿(不怕……就怕……)

10. A:咱们怎么去车站呢? 现在堵车堵得这么厉害!

    B:＿＿＿＿＿＿＿＿＿＿＿＿＿。(还是)

三、用本课学过的词或短语改说下列句子

Use the phrases learned in this lesson to rewrite the following sentences.

1. 我奶奶活这么大岁数了还没去过北京。(一辈子)
2. 这件事这么重要,还是你自己去办吧。(亲自)
3. 听到我获奖的那个时候,我特别激动。(一刻)
4. 那儿发生了一场事故,周围围着很多人。(现场)
5. 你只要在那儿注册一下就可以买卖东西了。(交易)
6. 那件事发生后,他心里很难过,觉得不应该那样做。(后悔)
7. 你去旅行社问一下,我们怎么安排行程更合适。(咨询)
8. 经过这件事后,父母都觉得他长大了,可以独立生活了!(成熟)
9. 今天公交车上人太多了,我站了一个多小时。(拥挤)
10. 他这个人不知道学习,整天在外边玩儿。(意识)

表达部分 | Expression Section

一、复述故事内容

Retell the story.

1. 请选择复述你喜欢的一段故事情节 Please select a scene that you liked from the story to retell.

    小东和大伟去看大伟的叔叔留下的东西……

    小东带了几包墨镜回到了家……

    老西带了一些墨镜去早市……

    老西看到旁边的人也开始卖墨镜……

老西回家后看到小东匆匆往外走……

2. 请选择故事中一个人物，以他(/她)的口吻来复述故事内容，并注意讲述者的性格特点和讲述的对象、地点等 Please select a character from the story and then adopt his or her manner of speaking to retell the story, paying attention to the narrator's personality traits, the audience, the setting, and so forth.

假如你是小东，请你把自己网上卖墨镜的事告诉大伟……

假如你是小西，请你把老西练摊儿的经过告诉同事……

假如你是老西旁边的小贩，请把老西卖墨镜的事告诉自己的家人……

假如你是老西，请你把小东网上卖墨镜的经过告诉邻居……

3. 请分组表演这个故事，可以根据自己的想象适当丰富或简化故事情节 Please form groups to re-enact this story. You may use your imagination to either enrich or simplify the story's plot where appropriate.

4. 请续编这个故事或者为这个故事安排一个新的结局 Please either write an epilogue or arrange a new ending for this story.

小东被骗后报了警，……

小东被骗后又从大伟那儿买了几包墨镜，……

老西从批发市场批发了很多东西，每天去练摊儿……

在老西的劝说下，老东也开始练摊儿……

又有一个买主在网上把小东的货全包了……

在小东的鼓励下，老西也开了个网店……

二、交际练习

Communication exercises

1. 请说说小东在网上商城交易的经验和教训。你觉得网上交易应该注意什么？

   我觉得网上交易很方便，但是……

   我觉得小东太不小心了……

   我还是觉得去实体(shítǐ, not virtual)店比较放心……

2. 请你讲一个听说过的，或者自编的和网上购物有关的故事。

3. 你网购过吗？购物过程愉快吗？为什么？

4. 网上购物你一般会买什么东西？不买什么东西？为什么？

5. 你认为网上商店将来会取代实体店吗？为什么？

偏偏喜欢你 7
Only You

情节简介 Plot Synopsis

崇拜偶像就要疯狂地追逐他们，于是就有了"追星族"。哪个人没有自己崇拜的偶像呢？老西半夜偷偷追星，小东不断改变发型，小西精心打扮……原因都是"偏偏喜欢你"。

Worshipping pop idols by desperately chasing them, in Chinese these fans are known as "追星族". Who doesn't have a pop idol that they worship? Lao Xi secretly follows the stars in the middle of the night, Xiao Dong is forever changing his hairstyle, Xiao Xi is dressing fancy. The reason for all this is "Only You".

生 词 New Words

1.	崇拜	chóngbài	动	adore
2.	偶像	ǒuxiàng	名	(pop) idol
3.	疯狂	fēngkuáng	形	mad; crazy
4.	追逐	zhuīzhú	动	chase
5.	蟑螂	zhāngláng	名	cockroach
6.	派	pài	名	school; faction
7.	眼圈儿	yǎnquānr	名	rim of the eye
8.	新式	xīnshì	形	new style
9.	眼影	yǎnyǐng	名	eye shadow
10.	模模糊糊	mómohūhū	形	vague; muddy
11.	自动	zìdòng	形	automatic
12.	开机	kāi jī		start (a machine)

61

13.	功能	gōngnéng	名	function
14.	品位	pǐnwèi	名	(sense of) taste (in)
15.	隔壁	gébì	名	next door
16.	媳妇儿	xífur	名	wife
17.	反面	fǎnmiàn	形	negative
18.	日后	rìhòu	名	someday (in the future)
19.	把关	bǎ guān	形	check on; ensure against mistakes
20.	鬼鬼祟祟	guǐguǐsuìsuì		stealthy; sneaky
21.	做贼	zuò zéi		be thievish
22.	孝顺	xiàoshun	动	show filial obedience
23.	剃	tì	动	shave
24.	智慧	zhìhuì	名	wisdom
25.	赞助费	zànzhùfèi	名	sponsorship money; financial aid
26.	扎	zhā	动	prickle
27.	滑头	huátóu	名	man who is dishonest or sly
28.	阳奉阴违	yáng fèng yīn wéi		pretend to obey
29.	演唱会	yǎnchànghuì	名	(pop) concert
30.	解放军	jiěfàngjūn	名	The People's Liberation Army (PLA)
31.	商品经济	shāngpǐn jīngjì		commodity economy
32.	少男少女	shàonán shàonǚ		young boys and girls
33.	灭	miè	动	extinguish
34.	演技	yǎnjì	名	acting
35.	简直	jiǎnzhí	副	practically
36.	义胆忠心	yì dǎn zhōng xīn		wholeheartedly dedicated
37.	侠骨柔情	xiá gǔ róu qíng		chivalrous and tender
38.	优雅	yōuyǎ	形	graceful
39.	举止	jǔzhǐ	名	bearing; air
40.	情深似海	qíng shēn sì hǎi		one's love is as deep as the sea
41.	着迷	zháo mí		be fascinated
42.	光头	guāngtóu	名	shaven head; bald head
43.	傻乎乎	shǎhūhū	形	simple-minded

44. 发型	fàxíng	名	hairstyle
45. 摄影师	shèyǐngshī	名	photographer
46. 约	yuē	动	arrange a meeting; make an appointment
47. 猪蹄儿	zhūtír	名	pettitoes; pigs feet (dish)

专名 Proper Nouns

1. 贝克汉姆	Bèikèhànmǔ	David Beckham
2. 罗纳尔多	Luónà'ěrduō	Ronaldo Luiz Nazario De Lima
3. 爱因斯坦	Àiyīnsītǎn	Einstein
4. 北戴河	Běidài Hé	a famous seashore in China

Language Points

1. 偏偏喜欢你

偏偏

　　副词,用在动词前面,表示事情的发生跟愿望、预料或常理相反,含有"凑巧"、"恰恰"的意思。如:

　　It is an adverb placed before a verb to express when something occurs that runs against one's wishes, expectations or convention, suggesting a coincidence. For example:

　　(1) 我急着想找到他,偏偏找不到。
　　(2) 她不喜欢小李,可是老板偏偏派小李和她一起工作。
　　(3) 我好长时间才去一趟,偏偏那天他就不在家。
　　(4) 早不降价晚不降价,偏偏我刚买了它就降价了。

偏偏喜欢你

2. 准是你爸,大半夜不睡觉

准

　　副词,常用在口语中。表示猜测、一定、肯定、确实。如:

　　It is an adverb found mainly in spoken language. It expresses conjecture, certainty, affirmation and reliability. For example:

　　(1) 他不在家,准是去上班了。

63

（2）妈妈要是知道了这件事，准会生气。
（3）他准是昨天晚上加班了，今天早上才没起来。
（4）这会儿奶奶准是去接孙子了，咱们再等等。

大

大半夜不睡觉

"大"，用在和时间相关的名词前，表示强调。如：

"大" is used in conjunction with time-related nouns, expresses emphasis. For example:

（1）猫咪真懒，大白天的还睡觉。
（2）爷爷每天大清早就去锻炼身体了。
（3）大过年的，你俩别吵架了！

3. 睡不着瞎看

瞎

随便、胡乱、盲目。有时带有自谦或掩饰的意思。如：

Informal, random and (figuratively) blind. It sometimes suggests modesty or a cover up. For example:

（1）甲：哟！你看哲学书啊？
　　乙：咳！看不懂，瞎看。
（2）甲：你很忙啊？
　　乙：是啊，瞎忙。

睡不着瞎看

4. 你这品位不大对吧？

对

正常的。多用于否定句。也说"对劲儿"。如：

Normal. It is used mainly in the negative seatence. One can also say "对劲儿". For example:

（1）他今天脸色不太对，发生什么事了？
（2）最近他俩的关系好像有点儿不大对。
（3）今天天气不太对，带把伞吧。
（4）房子里气味不太对，赶快检查一下。

妈，你这品位不太对吧

5. 不是说让你把头剪了吗？

不是……吗？

反问句表示强调。如：

This is a rhetorical question and makes an emphasis. For example:

（1）你不是要DVD吗？不是要六百块钱赞助费吗？

64

(2) 不是说今天出发吗?

(3) 你不是说以后再也不会忘记吗,怎么又忘了?

(4) 他不是昨天走了吗?你今天看到的不是他吧!

不是说让你把头剪了吗

知 识 库
Knowledge Bank

1. 《偏偏喜欢你》(The old hit song "Only Like You" by the HK star, Danny Chan.)
   这是香港歌星陈百强的一首老歌,至今仍然比较流行。

2. 《流星家园》、F8、仔仔、暴龙(《流星家园》is a play on the name of the Taiwan TV show《流星花园》while F8 is a play on the boy band F4,"仔仔"and"暴龙"are members of F4.)
   《流星家园》,即《流星花园》,是一部台湾的青春偶像电视剧,随着它的流行,剧中四位男主角,即F4组合,因为其外型帅气,受到欢迎。F8暗指F4,"仔仔"和"暴龙"都是F4的成员。

3. 潘长江、赵本山的小品 (赵本山 and 潘长江 are famous sketch actors.)
   赵本山、潘长江都是著名的小品演员。小品是通过形体和语言表现一个比较简单的场面或艺术形象的单人表演或组合表演。最具代表性的是喜剧小品。中国喜剧小品起源于80年代初,因其短小而生动、有趣的特点而广受欢迎。

4. 头发诚可贵,偶像价更高。若为DVD,两者皆可抛。(These lines are a play on a poem written by the Hungarian poet Sandor Petofi. The Chinese translation originally reads: "生命诚宝贵,爱情价更高;若为自由故,二者皆可抛!")
   这几句话套用了匈牙利诗人裴多菲的《自由与爱情》:"生命诚宝贵,爱情价更高;若为自由故,二者皆可抛!"

5. 抓现行(Catch red-handed.):在某人正在做坏事时抓住他,让他不能抵赖。

6. 把关(Check on; ensure against mistakes.):确定某事是否合适或符合标准,多用于口语。

7. 不对劲儿(Not normal.):不正常。用来说人或事情与常态不同。

8. 老少通吃(Loved by people of all ages.):各种年龄的人都喜欢、支持、接受。也说"大小通吃"等。

9. 利整儿(Neat; tidy.):利索,整齐的意思。北京口语。

10. 烧糊涂了(Slang for someone who cannot keep a clear train of thought.):俚语,也说"发烧了",意思是说人思路不清楚,胡说。

11. 耍滑头(Slang for being insincere, holding unwarranted misgivings and scheming to gain personal advantage.):俚语,不真诚、不诚实,心眼儿多,为自己的利益使用小计谋。

练习
Exercises

情节理解部分 | Plot Comprehension Section

一、边听边答,并把这些问题的答案连成一段话,讲一讲这个故事
Listen and answer, then use the answers to the questions to form a coherent passage of speech, retelling the story.

1. 老西的眼圈儿怎么变成了黑的?

2. 小东的新发型是模仿谁的?

3. 老东对小东的新发型是什么态度?

4. 小西同事的偶像是谁?

5. 小东真的按照爸爸的意思改变了发型吗?

6. 小西为什么让哥哥给她钱?

7. 老东为什么不让老西看演唱会?

8. 老东怎么看"偶像"?

9. 小西老板的偶像是谁?他为什么喜欢她?

10. 小东看报纸时为什么生气?

二、判断句子内容正误
Determine whether the content of these sentences are true or false.

1. 家里的电视有自动开机功能。　　　　　　　　(　　)
2. 小东不喜欢贝克汉姆这个人。　　　　　　　　(　　)

66

3. 小西的偶像是爱因斯坦。　　　　　　　　　　　（　）

4. 老西是F8的疯狂FANS。　　　　　　　　　　　（　）

5. 小东剪头发的原因是想要600块钱赞助费。　　　（　）

6. 老西想要买赵本山的小品。　　　　　　　　　　（　）

7. 小西跟爸爸要到了200块钱去北戴河玩儿。　　　（　）

8. F8是中国少男少女的偶像。　　　　　　　　　　（　）

9. 晴晴是中国最好的女演员。　　　　　　　　　　（　）

10. 每个人都觉得自己的偶像是最好的。　　　　　（　）

三、选择正确答案
Choose the correct answer.

1. 老西眼圈儿黑是因为_____。
   - A. 涂了新式眼影
   - B. 晚上看电视睡得太晚
   - C. 小西看错了
   - D. 心情不好

2. 晚上电视机响是_____。
   - A. 老东在看电视
   - B. 老西在看电视
   - C. 电视机自动开机了
   - D. 小东做梦听错了

3. 《流星家园》是一部_____。
   - A. 偶像电视剧
   - B. 赵本山的小品
   - C. 反面教材
   - D. 青春小说

4. 老东不喜欢_____。
   - A. 贝克汉姆
   - B. 偶像
   - C. 看偶像剧
   - D. 小东奇怪的发型

5. 小西的偶像是_____。
   - A. 晴晴
   - B. 仔仔
   - C. 爱因斯坦
   - D. 暴龙

6. 老西是F8的疯狂FANS，小西觉得_____。
   - A. 骄傲
   - B. 高兴
   - C. 尴尬(gāngà)
   - D. 妈妈有品位

7. 老东答应拿出600块钱让小东理发,是_____。
   A. 因为家里缺少DVD　　　　B. 为了让小东的发型正常点儿
   C. 让小西也能得到200块钱　　D. 他赚钱了

8. 老西去DVD店要买_____。
   A. 潘长江的小品　　　　B. 赵本山的小品
   C.《流星家园》　　　　D. F8演唱会的DVD

9. 小西涂指甲是_____。
   A. 喜欢晴晴　　　　B. 为了让老板注意她
   C. 爱美　　　　　　D. 能清楚地指画

10. 小东理发的原因是_____。
    A. 不喜欢贝克汉姆了　　　B. 改喜欢罗纳尔多了
    C. 贝克汉姆换发型了　　　D. 得到600块钱赞助费

想一想　从片中哪些地方可以看出老西偏偏喜欢F8？

语言点部分 | Language Points Section

一、填出句子中缺少的词或短语

Fill in the blanks with words or phrases.

1. _____,蟑螂也想做偶像派。
2. 我昨晚怎么_____听见电视机响啊？
3. 好啊,老妈,我们可_____啦！
4. 我想研究一下,日后可以替你们俩的爱情_____。
5. 一看见你我就生气！在自己家里_____,做贼一样！
6. 你一孝顺,我就觉得哪里_____。
7. 我说你_____戴个帽子_____？
8. 一部破电视剧看了_____！现在还想花这么多钱看真人……你是不是_____？
9. 她简直把那个_____的,_____的,_____的女贼给演活了！
10. 不会吧？咱们老板也有偶像呢。你看他_____！

68

二、用所给词语或句式完成对话
Use the words or sentences provided to complete the dialogue.

1. A：我今天买了一件毛衣，才100块钱。
   B：_____。(偏偏)

2. A：_____。(准)
   B：我觉得也是，他们平时这会儿都上班的。

3. A：咱们明天晚上十一点去爬长城吧。
   B：_____。(大+节日、时令、时间等)

4. A：累死我了！_____。(可)
   B：你好快啊，我才刚做了一半。

5. A：你画得真漂亮！你学过中国画啊？
   B：哪儿学过啊！_____。(瞎)

6. A：我自己做的香辣鸡翅，尝尝看怎么样？
   B：_____。(对)

7. A：_____？(不是)
   B：宝贝儿，今天爸爸太忙了，我们明天去好吗？

8. A：昨天欠你3块钱，先不还了，下次我给你买张车票就清了。
   B：_____。(滑头)

9. A：你看他们家电脑换了三台，而且越换越好。
   B：是啊，_____。(年头)

10. A：获奖名单上是咱俩的名字，我看，奖金平分吧！
    B：_____，那可是我自己一个人做的。(烧糊涂)

三、用本课学过的词或短语改说下列句子
Use the phrases learned in this lesson to rewrite the following sentences.

1. 这几年，干什么都不容易。(年头儿)
2. 近视真不好，不戴眼镜什么都看不清楚。(模模糊糊)
3. 生活的质量高低，不在富贵而在舒适。(品位)
4. 咱们先商量好，免得以后有问题说不清。(日后)
5. 韩国电视剧那可是男女老少都喜欢看啊！(通吃)
6. 我非常欣赏伟大的英雄。(着迷)
7. 肯定是他，只有他昨天没来。(准)
8. 这套西装比那件茄克衫利索多了。(利整儿)
9. 他为了参加书法比赛，每个字练了上百遍。(不下)
10. 你必须一个星期之内把钱还我！(限)

表达部分 | Expression Section

一、复述故事内容
Retell the story.

1. 请选择复述你喜欢的一段故事情节 Please select a scene that you liked from the story to retell.

   老西晚上看《流星家园》被抓了现行……

   小东剃了个贝克汉姆的发型,老东很不高兴……

   老西本来想买《流星家园》……

   老西决定要去买F8演唱会的门票,老东不同意……

   小西的老板认为演员晴晴……

   小西涂指甲是为了……

2. 请选择故事中一个人物,以他(/她)的口吻来复述故事内容,并注意讲述者的性格特点和讲述的对象、地点等 Please select a character from the story and then adopt his or her manner of speaking to retell the story, paying attention to the narrator's personality traits, the audience, the setting, and so forth.

   假如你是小东,请你把老妈喜欢看《流星家园》这件事情告诉南瓜。

   假如你是小西,请你把在办公室没有受到老板注意的事情讲给小东。

   假如你是老东,请你说说家里另外三个人喜欢明星的行为。

   假如你是老西,请你和你的邻居聊聊F8的事。

3. 请分组表演这个故事,可以根据自己的想象适当丰富或简化故事情节 Please form groups to re-enact this story. You may use your imagination to either enrich or simplify the story's plot where appropriate.

4. 请续编这个故事或者为这个故事安排一个新的结局 Please either write an epilogue or arrange a new ending for this story.

   我觉得老东以后可能也会喜欢《流星家园》,……

   老西有一天发现,其实F8跟平常人是一样的,……

   小西有一天变成了明星,结果……

   老东成了大家的偶像,他……

   当世界上没有偶像,每个人的生活……

二、交际练习

Communication exercises

1. 你觉得老西"追星"的行为怎么样。你怎么看过分喜欢偶像？

   老西对偶像太着迷了，我们喜欢演员应该有点儿理智，如果太疯狂的话，……

   我觉得老西喜欢接受新鲜事情，人老心不老……

   每个人都有自己喜欢的偶像，我认为……

2. 请你讲一个听说过的或者自编的和偶像有关的故事。

3. 你的偶像是谁？你为什么喜欢他(/她)？

4. 你觉得经常追逐偶像的一般都是什么样的人？请你说说他们为什么那样疯狂。

5. 你认为喜欢偶像有什么好处和弊端呢？请说出你的理由。

盗亦有道 8
Honor Amongst Thieves

情节简介 Plot Synopsis

小东开了一家饭馆儿,自己做总经理。饭馆儿开业的时候,亲戚朋友都来捧场。正当大家举杯庆贺的时候,突然来了两个强盗抢劫,并且手里拿着众人的名片,究竟是怎么回事呢?强盗抢到钱了吗?

Xiao Dong opens a restaurant and serves as its general manager. At the grand opening, friends and relatives come to show their support. Just when everyone is about to raise their cups in a celebratory toast, two robbers, while wielding everybody's name card, burst in and stage a holdup. How is it that they already had the name cards? Do the robbers get the money and run?

生词 New Words

1. 捧场	pěng chǎng			sing the praises of; flatter uncritically
2. 举杯	jǔ bēi			raise one's glass (to propose a toast)
3. 庆贺	qìnghè	动		congratulate; celebrate
4. 强盗	qiángdào	名		robber
5. 天下	tiānxià	名		all over the world
6. 不日	búrì	副		within the next few days; in a few days
7. 即将	jíjiāng	副		soon; be about to; be on the point of
8. 开业	kāi yè			start business
9. 细节	xìjié	名		detail
10. 精英	jīngyīng	名		elite
11. 指	zhǐ	动		count on; look to (someone)

72

盗亦有道
Honor Amongst Thieves 8

12.	夫婿	fūxù	名	husband
13.	社交	shèjiāo	名	social intercourse; social contact
14.	质	zhì	名	qualitative
15.	飞跃	fēiyuè	动	leap forward
16.	玩意儿	wányìr	名	used to refer to someone disparagingly
17.	帮	bāng	量	band; clique; gang
18.	王八蛋	wángbādàn	名	used to insult someone
19.	搭理	dāli	动	respond
20.	伸手	shēn shǒu		ask for (help)
21.	名流	míngliú	名	distinguished personages; celebrities
22.	稀罕	xīhan	动	value as a rarity; cherish; treasure
23.	运营	yùnyíng	动	run (of ships, etc.); run (an enterprise, etc.)
24.	总监	zǒngjiān	名	chief inspector
25.	开张	kāizhāng	动	begin doing business; make a start; open a business
26.	失礼	shī lǐ		commit a breach of etiquette
27.	恶心	ěxin	形	disgusting; nauseating
28.	没劲	méijìn	形	be no fun; boring
29.	打劫	dǎjié	动	rob; stage a hold up
30.	神	shén	形	magical; miraculous; amazing
31.	项目	xiàngmù	名	project; event
32.	靓	liàng	形	beautiful; pretty
33.	形象	xíngxiàng	名	image
34.	发廊	fàláng	名	barbershop and beauty parlor
35.	养	yǎng	动	support; provide for
36.	物流	wùliú	名	logistics
37.	供	gōng	动	provide
38.	念书	niàn shū		study; go to school
39.	主管	zhǔguǎn	名	person in charge; head; manager
40.	凶	xiōng	形	ferocious; fierce
41.	蹭	cèng	动	obtain for free by begging or sponging; cadge; scrounge

42. 肥实	féishi	形	stout; fat
43. 招	zhāo	动	attract (sth. bad); incur; court
44. 歇	xiē	动	stop (work)

Language Points

1. 吃了又吃

V 了又 V

表示反复多次。如：

It expresses repetition. For example:

(1) 她把那件衣服洗了又洗。

(2) 他给她解释了又解释，可她还是不理他。

(3) 他练了又练，直到合乎要求为止。

(4) 老师给他讲了一遍又讲一遍，他还是有点儿不明白。

吃了又吃

2. 吃了又吃饭馆，不日即将开业。

不日

副词，书面语，没几天，不久，限用于未来。如：

It is an adverb used in written language, meaning not more than a few days or not long, which is limited to expressing the future. For example:

(1) 我不日到京，请准备住处。

(2) 考试结果不日将公布。

(3) 这座大楼不日将动工兴建。

(4) 这款新手机不日将上市。

不日即将开业

3. 你已经半条腿跨进了企业界。

界

职业相同的一些社会成员的总体，用作后缀构成新词。如：

It refers to a collective of members of society belonging to the same profession, field of work, etc. It is used as a suffix to

你已经半条腿跨进了企业界

form a new word. For example:

知识界 新闻界 教育界 商界

4. 嘿嘿,准夫婿。以后我不就是总经理夫人?

准

词缀,quasi-,semi-,程度上虽不够,但可以作为某类事物看待的。如:

An affix, similar to quasi- and semi-, meaning even though something is not up to standard, it is still regarded as closely classified with that standard. For example:

准将 准新娘 准司机 准北京人 准夫妻

以后 我不就是总经理夫人

5. 老二,把钱给他们留下。

老二

"老",放在二到十的数字前,表示兄弟排行。放在"大"前表示排行第一,放在"幺(yāo)"前表示排行最末。如:

"老" is placed in front of the numbers anywhere from 二 to 十, expressing seniority amongst siblings. Placed in front of "大" expresses the oldest or most senior rank; Placed in front of "幺(yāo)" it expresses the youngest or most junior rank. For example:

老大 老三 老幺

老二,把钱给他们留下。

知 识 库
Knowledge Bank

1. **悔教夫婿觅封侯**(These words come from《闺怨》by the Tang Dynasty poet 王昌龄. A wife regrets letting her husband contribute to society rather than remain safe at home.):唐代诗人王昌龄《闺怨》诗中的一个句子。悔:后悔;教:让;觅封侯:当兵打仗,建功立业。妻子后悔让丈夫去外面建功立业,而不是安稳地留在家里陪自己。

2. **盗亦有道**(Honor amongst thieves.):盗,强盗。道,道德标准(行为规范)。"盗亦有道"就是说强盗也有他的道德标准和行为规范。

3. **舍我其谁**(Who else is there, besides me?):舍:除了。除了我还有哪一个?形容人敢于担当,遇有该做的事,决不退让。

4. **无出其右**(Second to none.):出,超过;右,上,古代以右边为上位。指在某方面居领先地位,没有人能胜过他。

5. **I服了YOU**(Internet slang inspired by a line from Stephen Chow's HK film,《大话西游之月光宝盒》, expressing surprised admiration or ridicule of the other party.)：出自香港笑星周星驰的电影《大话西游之月光宝盒》，网络文化中的语言，流行于青少年中。"服"本义是佩服。"I服了YOU"是对对方行为感到吃惊，或带有佩服义，或是取笑对方。

6. **牛**(This is an adjective used in spoken language as a compliment expressing surprise. Its meaning is close to 棒，厉害，了不起，不简单.)：形容词，用于口语，多用于褒义，用来夸赞别人，并表示自己的惊讶，意思与"棒、厉害、了不起、不简单"等相近。

7. **我晕**(Internet slang used when feeling confused and left with no choice. One call also say: 我倒，晕倒，晕, etc.)：网络文化中的词语。一般在感到糊涂、无奈的情况下说。还可以说"我倒、晕倒、晕"等。

8. **小样儿**(This is Northeast dialect, when used to address others expresses disdain, but can be also used as a term of endearment.)：东北方言，多用作轻视别人的称呼，也可用作对别人亲切的昵称。

9. **有戏**(Look promising. Its antonym is "没戏", meaning hopeless.)：意为有希望，反义词为"没戏"，意思是没希望。

10. **无官一身轻**(Happy is the man relieved of his responsibilities. In its original context it refers to one's official duties.)：不做官了，感到一身轻松。现也泛指卸去责任后一时感到轻松。

练习 Exercises

情节理解部分 | Plot Comprehension Section

一、边听边答，并把这些问题的答案连成一段话，讲一讲这个故事
Listen and answer, then use the answers to the questions to form a coherent passage of speech, retelling the story.

1. 小东饭馆儿的名字是谁起的？小西和小北对小东开饭馆儿是什么态度？

2. 那两个强盗为什么要打劫小东？

3. 强盗抢到了很多钱吗？为什么？

4. 强盗为什么没把钱带走？

5. 小东最后还开饭馆儿吗？为什么？

二、判断句子正误

Determine whether the content of these sentences true are or false.

1. 小东请人为自己的饭馆儿起了个名字。　　（　）
2. 小东是一家大公司的总经理。　　　　　　（　）
3. 小东太忙了，常常连饭都吃不完。　　　　（　）
4. 小北后悔让小东开饭馆儿。　　　　　　　（　）
5. 小东把名片送给了强盗。　　　　　　　　（　）
6. 小东的朋友向他借两万块钱。　　　　　　（　）
7. 饭馆儿开业时去捧场的都是社会名人。　　（　）
8. 强盗不知道饭馆儿在哪儿，是小西告他们的。（　）
9. 大家都没带钱，所以强盗没抢到很多钱。　（　）
10. 因为顾客太少，所以小东把饭馆儿卖给了别人。（　）

三、选择正确答案

Choose the correct answer.

1. "吃了又吃"这个名字是_____想出来的。
   - A. 小东
   - B. 老东
   - C. 大伟
   - D. 小北

2. "细节是决定成败的关键"意思是_____。
   - A. 太注意细节不会成功
   - B. 不注意细节就会失败
   - C. 细节与成功没关系
   - D. 不注意细节才会成功

3. 小北说"亲爱的，你好专业啊"时的语气是_____。
   - A. 崇拜的
   - B. 生气的
   - C. 无所谓的
   - D. 嘲笑的

4. 小西说"恭喜恭喜！你已经半条腿跨进了企业界，半截身子成为了企业精英"时的语气是_____。
   - A. 崇拜的
   - B. 生气的
   - C. 无所谓的
   - D. 嘲笑的

5. 小东得知自己的名片印出来后，觉得_____。

    A. 名片质量太差　　　　B. 开始有钱了

    C. 与人交往会更加方便　D. 自己的社交生活将会有大的发展

6. 魏麻子向小东借钱，小东_____。

    A. 答应借给他　　　　B. 借给他一点儿

    C. 很生气　　　　　　D. 没钱，所以没借给他

7. 小北让小西帮她挑帽子是因为_____。

    A. 要去参加舞会　　　　B. 要去旅行

    C. "吃了又吃"饭馆儿开张　D. 朋友结婚

8. 那两个人向小西打听"吃了又吃"饭馆儿是为了_____。

    A. 去饭馆儿打劫　　　　B. 去饭馆儿吃饭

    C. 饭馆儿开张去捧场　　D. 去饭馆儿打听几个人

9. 饭馆儿开张去捧场的人是_____。

    A. 社会名流　　　　B. 小东家的亲朋好友

    C. 骗子　　　　　　D. 强盗

10. 强盗离开的时候_____。

    A. 抢了很多钱　　　　B. 借了小东两万块

    C. 只抢到了一点儿钱　D. 一分钱都没带走

想一想　从片中哪些地方可以看出小东是个喜欢说大话的人？

语言点部分　Language Points Section

一、填出句子中缺少的词或短语

Fill in the blanks with words or phrases.

1. 连个饭馆儿的名字都_____，以后怎么办大事啊？

2. 我_____："吃了又吃"饭馆儿，不日，_____开业！

3. 我一直在_____关于经营方面的问题，_____出来条结论：_____是决定成败的关键。

4. 以后我们_____您发财！

盗亦有道 8
Honor Amongst Thieves

5. 我甄东的社交生活,从此有了＿＿＿＿＿＿＿＿!

6. 今天是"吃了又吃"＿＿＿＿＿＿＿啊!像那种高档的社交＿＿＿＿,怎么可以＿＿＿＿＿＿＿呢?

7. 打听一下,找几个人!＿＿＿＿＿＿＿＿的上前来一下。

8. 对不起啊,我一收废品的,还得＿＿＿＿＿＿＿。

9. 我忘带钱包了,这回给我＿＿＿＿＿＿啊。

10. 你怎么又＿＿＿＿＿＿＿＿了?真的不干了?

二、用所给词或句式完成对话
Use the words or sentences provided to complete the dialogue.

1. A:哈哈,这次考试的题我提前猜对了一半!
   B:＿＿＿＿＿＿＿＿＿＿＿＿＿＿。(I服了YOU)

2. A:＿＿＿＿＿＿＿＿＿＿＿＿＿＿＿。(V了又V)
   B:那你就再给她买点儿礼物,或许她会原谅你的。

3. A:请问招聘结果什么时候出来呢?
   B:＿＿＿＿＿＿＿＿＿＿＿＿＿。(不日)

4. A:＿＿＿＿＿＿＿＿＿＿＿＿＿？(……来着)
   B:那我再去其他地方找找他。

5. A:我觉得这几件衣服都不错,我要各买一件。
   B:＿＿＿＿＿＿＿＿＿＿＿＿＿。(我晕)

6. A:下午我有事没去看球赛,结果怎么样?
   B:＿＿＿＿＿＿＿＿＿＿＿＿＿。(没劲)

7. A:怎么样,我没说错吧,这件事不会成功的。
   B:＿＿＿＿＿＿＿＿＿＿＿＿＿!(神)

8. A:今天作业太多了,你能做完吗?
   B:＿＿＿＿＿＿＿＿＿＿＿＿＿。(不V₁不V₂)

9. A:＿＿＿＿＿＿＿＿＿＿＿＿＿?(有戏)
   B:我觉得可能会通过的。

10. A:今天的晚会我实在是没时间参加!
    B:＿＿＿＿＿＿＿＿＿＿＿＿＿。(得)

三、用本课学过的词或短语改说下列句子
Use the phrases learned in this lesson to rewrite the following sentences.

1. 这件事除了我谁都干不了。(舍我其谁)

2. 论口语水平,没一个人能超过他。(无出其右)

3. 大家都觉得他得奖是运气,心里都不佩服他!(服)
4. 新图书馆很快要开工了!(即将)
5. 你说得太复杂了,我听不懂!(专业)
6. 经过三年的刻苦学习,他的英语水平有了很大的提高!(飞跃)
7. 他这么大了还不工作,没钱了就向父母要。(伸手)
8. 这东西国内也早有了,价格也不贵,谁会觉得稀奇?(稀罕)
9. 昨天的晚会上他说话太没礼貌了,大家都有点儿不高兴。(没劲儿)
10. 每次吃饭他都不出钱,所以后来大家都不愿意和他一起出去了!(蹭)

表达部分 Expression Section

一、复述故事内容
Retell the story.

1. 请选择复述你喜欢的一段故事情节 Please select a scene that you liked from the story to retell.

   小东和朋友在一起给饭馆儿起名字……

   小东、小西、南瓜、小北在一起吃饭……

   小东喝醉了酒……

   小西听到有人敲门……

   小东一家在门口迎接客人……

   大家正干杯,突然有人拿刀进来……

2. 请选择故事中一个人物,以他(/她)的口吻来复述故事内容,并注意讲述者的性格特点和讲述的对象、地点等 Please select a character from the story and then adopt his or her manner of speaking to retell the story, paying attention to the narrator's personality traits, the audience, the setting, and so forth.

   假如你是老东,请你把小东开饭馆儿这件事情告诉朋友。

   假如你是小西,请你在办公室把小东开饭馆儿的事讲给你的同事听。

   假如你是南瓜,请把小东开饭馆儿的事讲给公司的人听。

   假如你是老西,请你在买菜的路上和你的老姐妹聊聊关于小东开饭馆儿的事。

盗亦有道 Honor Amongst Thieves

3. 请分组表演这个故事，可以根据自己的想象适当丰富或简化故事情节 Please form groups to re-enact this story. You may use your imagination to either enrich or simplify the story's plot where appropriate.

4. 请续编这个故事或者为这个故事安排一个新的结局 Please either write an epilogue or arrange a new ending for this story.

强盗走了以后，……

小东不想开饭馆儿了，跟家里人商量……

小东不开饭馆儿之后，决定再开个服装店……

后来小东在街上遇到了那两个强盗……

两个强盗离开饭馆儿之后，……

二、交际练习
Communication exercises

1. 请说一说小东开饭馆儿有哪些经验和教训。你认为他周围的人应不应该把名片印成那样？

开张时请人捧场是必要的，……

做生意印名片是必要的，但是……

做生意需要一定的经验和相关知识，我认为小东……

2. 请你讲一个听说过的，或者自编的和名片有关的故事。

3. 你有名片吗？上面印的什么？

4. 你觉得做生意需做哪些准备？做生意最重要的是什么？

5. 如果路上突然有强盗抢你的钱，你该怎么办？

种菜记
Gardening Story 2

情节简介 Plot Synopsis

老东对市场上买来的蔬菜很不放心，认为有残留农药，对人体危害极大。他的话引起了全家的恐慌，于是大家决定一起动手，自己种菜。他们种出菜了吗？有什么有趣的经历？

Lao Dong is concerned about the vegetables bought at the market, he believes that there is harmful pesticide residue. Such talk leads to panic on the part of the entire family, resulting in everybody agreeing to work together and plant their family's own vegetables. Does their garden turn out to be a success? What fun ensues?

生词 New Words

1. 残留	cánliú	动	remain
2. 农药	nóngyào	名	agricultural chemicals
3. 危害	wēihài	动	harm
4. 恐慌	kǒnghuāng	形	panic, fear
5. 菌	jūn	名	bacteria
6. 毒	dú	名	poison
7. 阻拦	zǔlán	动	prevent; bar the way
8. 隐形	yǐnxíng	动	hide from view
9. 杀手	shāshǒu	名	killer
10. 症状	zhèngzhuàng	名	symptom
11. 恶心	ěxīn	形	feel sick
12. 污染	wūrǎn	动	pollute

种菜记
Gardening Story

13.	呕吐	ǒutù	动	vomit
14.	腹泻	fùxiè	动	have diarrhoea
15.	心慌	xīnhuāng	动	have palpitations
16.	抽搐	chōuchù	动	have twitching
17.	昏迷	hūnmí	动	be unconscious
18.	心力衰竭	xīnlì shuāijié		heart failure
19.	辞职	cí zhí		resign
20.	畏难	wèinán	动	be afraid of difficulty
21.	资格	zīgé	名	qualification
22.	啰唆	luōsuo	动	verbose
23.	瞅	chǒu	动	look at
24.	巡回	xúnhuí	动	tour
25.	撒种	sǎ zhǒng		sow seeds
26.	浇水	jiāo shuǐ		water
27.	施肥	shī féi		apply fertilizer; spread manure
28.	品种	pǐnzhǒng	名	variety
29.	持续	chíxù	动	sustain
30.	收成	shōucheng	名	harvest
31.	栽培	zāipéi	动	plant
32.	神秘	shénmì	形	mysterious
33.	菜籽儿	càizǐr	名	vegetable seed
34.	发芽	fā yá		sprout
35.	野草	yěcǎo	名	weeds
36.	喷药	pēn yào		spray with insecticide
37.	认输	rèn shū		admit defeat
38.	溜过界	liū guò jiè		sneak across the border
39.	剩	shèng	动	remain
40.	前所未有	qián suǒ wèi yǒu		unprecedented
41.	重创	zhòngchuāng	动	inflict heavy losses
42.	血本无归	xuè běn wú guī		lose all of the original capital
43.	流亡	liúwáng	动	go into exile
44.	麻雀	máquè	名	sparrow

45.	后裔	hòuyì	名	descendant
46.	战略	zhànlüè	名	strategy
47.	辣椒	làjiāo	名	hot pepper
48.	大蒜	dàsuàn	名	garlic
49.	取消	qǔxiāo	动	cancel
50.	团结	tuánjié	动	unite
51.	奋斗	fèndòu	动	struggle
52.	像样	xiàngyàng	形	decent
53.	天灾人祸	tiān zāi rén huò		natural and man-made calamities
54.	连绵不断	lián mián bú duàn		incessantly
55.	淘米	táo mǐ		wash rice
56.	泡	pào	动	steep
57.	灰心	huīxīn	动	discouraged
58.	虫眼儿	chóngyǎnr	名	small holes caused by worms
59.	皇上	huángshang	名	emperor
60.	验	yàn	动	examine; check
61.	太监	tàijiàn	名	eunuch

Language Points

1. 那我们今后吃啥？总不能光吃肉啊。

……总……

副词，表示"毕竟"、"总归"的意思，多用于口语中。如：

It is an adverb used in spoken language that can mean "after all" or "eventually". For example:

(1) 不要着急，问题总会解决的。
(2) 你总不能不相信事实吧。
(3) 他那么穷，我总不能向他去借钱。

84

2. 出于品种齐全跟持续供应的考虑，我们一人种一种菜。

　　出于……的考虑

　　　　书面语，表示为了某种目的，后接表示行动的小句。如：
It is used in written language to indicate an objective; the accompanying clause expresses action taken or to be taken.

（1）出于环保的考虑，国家禁止商家向顾客提供免费塑料袋。
（2）出于保护人民健康的考虑，上海市决定在所有公共场所禁烟。
（3）出于节约的考虑，我决定今年不再购买新衣服。
（4）出于提高教学质量的考虑，学校举行了青年教师教学大赛。

我们一人种一种菜

3. 万一你们谁要是没有收成……

　　万一……

　　　　指假设发生可能性极小的不利情况，用于不希望发生的事。如：
This indicates suppose the extremely small possibility of the occurrence of an unfavorable situation. For example:

（1）万一下雨，还去不去？
（2）万一他不同意怎么办？
（3）不怕一万，就怕万一。
（4）多做些准备，以防万一。

万一你们谁要是没有收成

4. 难得你们这么有信心。

　　难得……

　　　　表示不常发生；不容易得到或办到（有可贵意）。如：
This indicates something that occurs rarely or is hard to come by or is difficult to accomplish, means very valuable. For example:

（1）这么大的雪是难得遇到的。
（2）难得他今天没迟到。
（3）人才难得。
（4）他在奥运会上得了三块奖牌，这是十分难得的。

难得你们这么有信心

5. 我们决定种辣椒跟大蒜，麻雀打死也不吃的东西。

　　打死也……

　　　　俗语，意思是"一定……"，常用于否定句。如：
A common saying expressing certainty, often used in the negative. For example:

(1) 你放心,打死我也不说。

(2) 这种害人的事儿打死我也不干。

(3) 他的话打死我也不信。

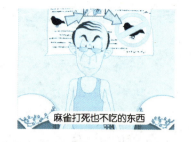
麻雀打死也不吃的东西

6. 以后买菜,专挑有虫眼儿的。

专

　　副词,表示"特地"、"只"的意思。如:

　　This is an adverb meaning "especially," "only". For example:

(1) 这是专给你准备的。

(2) 他这个人专会挑人毛病。

专挑有虫眼儿的

知 识 库
Knowledge Bank

1. **不干不净,吃了没病**(This means being overly concerned about sanitation can actually be unhealthy. A little dirt can do one some good):意思是过于讲究卫生,反而不利于健康;对食品卫生不过分重视,反而不容易生病。

2. **绿色蔬菜**("Green" vegetables refers to environmentally-friendly vegetables and not the color):此处"绿色"并非指颜色,而是指环保的,无污染的。

3. **升天** (Traditional Chinese belief that in the afterlife one's spirit will ascend to the heavens):有的人认为人死后,灵魂就会升上天,所以升天就指人死。

4. **打马虎眼儿**(Play dumb):故意装糊涂骗人。

5. **自己动手,丰衣足食** (Chairman Mao's famous words exhorting people to rely on themselves for food and clothing):不依赖别人,靠自己的劳动,让自己过上不缺吃不缺穿的好日子。毛泽东主席的名言。

6. **八仙过海,各显神通**(This is a metaphor for doing it your way. 八仙 are Taoism's Eight Immortals, 神通 means remarkable ability):八仙:民间传说中道家的八位仙人;神通:特别高明的本领。传说八仙过海时,各有一套本领。比喻做事各有各的一套办法。

7. **灭"四害"**(The "Four Pests" was an agricultural slogan of the 1950s: i.e., rodents, flies, mosquitoes and sparrows):20世纪50年代时提出的口号,"四害"指:老鼠、苍蝇、蚊子、麻雀这四种对农业生产有害的动物。

8. **验毒药的太监**(In Ancient China eunuchs checked the emperor's food for poison):古代为了保证皇帝的安全,总是先由皇帝身边的太监尝验食物,证明无毒安全以后,才让皇帝吃。

9. **书呆子**(Bookworm):只喜欢读书,但不能将书本知识与生活实际结合,在生活中显得很呆笨的人。

10. **看谁笑到最后**(See who has the last laugh)：俗语，意思是笑到最后的人才是真正的胜利者。看谁笑到最后：就是说看谁最终胜利。

练习 Exercises

情节理解部分 | Plot Comprehension Section

一、边听边答，并把这些问题的答案连成一段话，讲一讲这个故事

Listen and answer, then use the answers to the questions to form a coherent passage of speech, retelling the story.

1. 老东说了哪些生吃蔬菜的危害？

2. 老东和老西是怎么安排种菜活动的？

3. 种菜过程中出现过什么问题？

4. 第一次失败以后,甄家改变了什么战略？

5. 甄家知道哪些避免农药危害的办法？

二、判断句子正误

Determine whether these sentences are true or false.

1. 老西端来了一盘生的没洗过的蔬菜。　　　　　　（　）
2. 老东说,吃被农药污染的蔬菜一定会致人死亡。　（　）
3. 老西决定以后家里只买肉,不买菜。　　　　　　（　）
4. 在学校时,小西肯定比小东学习好。　　　　　　（　）
5. 为了比赛,老东决定大家一人种一种菜。　　　　（　）
6. 小东的菜地里植物和动物生长得都很多。　　　　（　）
7. 甄家的菜都被小偷偷光了。　　　　　　　　　　（　）
8. 麻雀怕辣,所以不吃辣椒跟大蒜。　　　　　　　（　）

9. 人们喜欢有虫眼儿的菜，因为比较新鲜。　　　　　（　　）
10. 甄家最终决定放弃种菜。　　　　　　　　　　　（　　）

三、选择正确答案
Choose the correct answer.

1. 老西买的是_____的蔬菜。
   - A. 绿颜色
   - B. 无污染
   - C. 干净
   - D. 不干不净

2. 小西认为小东肯定_____。
   - A. 种不出一棵菜
   - B. 能成为种菜专家
   - C. 有丰富的植物学知识
   - D. 能种出很多菜

3. 老东决定全家每人种一种菜，是因为_____。
   - A. 大家都很有信心
   - B. 每人只会种一种菜
   - C. 这样能保证种好菜
   - D. 为了蔬菜品种丰富

4. 菜籽发芽时，全家人都笑话小东，因为_____。
   - A. 他的菜地发芽最少
   - B. 他的菜地里长了很多草
   - C. 他的菜生了很多虫
   - D. 他的菜籽完全没有发芽

5. 小西把蔬菜栽培的书_____。
   - A. 从小东那儿要回来了
   - B. 撕坏了
   - C. 其中的一部分撕下来了
   - D. 偷走了

6. 小东的菜地长了虫子，他决定_____。
   - A. 喷药
   - B. 认输
   - C. 向小西请教办法
   - D. 到最后再看输赢

7. 老东决定改变战略：_____。
   - A. 改种其他蔬菜品种
   - B. 放弃种菜
   - C. 争取早日种出像样的菜
   - D. 大家团结奋斗

88

8. 老东决定只种辣椒和大蒜,因为_____。
   A. 鸟不吃这两种蔬菜　　　　B. 这两种蔬菜不生虫
   C. 这两种蔬菜长得快　　　　D. 这两种蔬菜农药残留特别严重

9. 全家种菜唯一的收成是_____。
   A. 一只辣椒　　　　　　　　B. 一头大蒜
   C. 一棵白菜　　　　　　　　D. 一块石头

10. 甄家种菜失败的原因是_____。
    A. 蔬菜长虫　　　　　　　　B. 麻雀吃菜
    C. 草比菜多　　　　　　　　D. ABC全对

想一想　防止农药污染,都有哪些办法?

语言点部分 | Language Points Section

一、填出句子中缺少的词或短语

Fill in the blanks with words or phrases.

1. 中毒的_____有:恶心、_____等。
2. 为了保护地球,我们必须防治环境_____。
3. 遇到困难不要有_____情绪,而是要有勇气。
4. 他每天坐在图书馆里,不关心社会上的事,真是个_____。
5. 今年大旱,可能会影响农业_____。
6. 他真没有做生意的才能,不仅没赚到钱,还赔光了_____。
7. 花园里长满了_____,很久没有人管理了。
8. 商店里商品_____齐全,顾客很多。
9. 这一年很不顺利,_____不断。
10. 种菜不难,先挖____,再撒____,之后浇____、施____就行了。

二、用所给词语或句式完成对话

Use the words or sentences provided to complete the dialogue.

1. A:_____,请你替我上课。(万一)
   B:放心吧,没问题。
2. A:_____,一定要把他请来。(亲自)
   B:好,我一定完成任务。

3. A:_____,学费还是不要涨了。(出于……的考虑)

   B:我同意你的意见。

4. A:这是孙女儿第一次送我礼物。

   B:_____,真羡慕你。(难得)

5. A:我要知道是这个结果,_____。(打死也)

   B:谁能想到呢?

6. A:_____,肯定能讲好。(专)

   B:你选的人,肯定不错。

7. A:靠别人不如靠自己。

   B:对,_____。(自己动手,丰衣足食)

8. A:今年工作真不好找。

   B:可不是,大家都想尽了各种办法,_____。(八仙过海,各显神通)

9. A:你没时间了,认输吧。

   B:你别太得意了,_____。(看谁笑到最后)

三、用本课学过的词或短语改说下列句子

Use the words or phrases learned in this lesson to rewrite the following sentences.

1. 他才学了几个月汉语,但已经说得很不错了。(像样)
2. 别担心,戴上这种眼镜别人就看不出来你近视了。(隐形)
3. 这个地方环境太差。(污染)
4. 这个座位是为有特殊需要的人准备的,其他人不应该坐。(专)
5. 这件事儿请你说清楚,我可不想糊里糊涂的。(打马虎眼儿)
6. 中国的发展速度是空前的。(前所未有)
7. 他个性很强,做什么事都不会轻易放弃。(认输)
8. 经济危机对这个国家产生了十分不利的影响。(重创)
9. 我们不应该丧失信心,而是要一起度过难关。(灰心、团结)
10. 春天到了,草地上一片新绿。(发芽)

表达部分 | Expression Section

一、复述故事内容

Retell the story.

1. 请选择复述你喜欢的一段故事情节 Please select a scene that you liked from the story to retell.

种菜记
Gardening Story

老西端上来一盘生蔬菜,老东忙问……

老东一拍脑袋说:有了……

为了种好菜,小东想向小西借本书……

小东发现菜上长了虫子……

种菜完全失败了,全家人……

2. 请选择故事中一个人物,以他(/她)的口吻来复述故事内容,并注意讲述者的性格特点和讲述的对象、地点等 Please select a character from the story and then adopt his or her manner of speaking to retell the story, paying attention to the narrator's personality traits, the audience, the setting, and so forth.

假如你是老东,请向邻居们讲一讲蔬菜上残留农药的危害。

假如你是老西,请向邻居们讲讲自己家种菜的计划。

假如你是小北,请向自己家人讲一讲小东种菜的事。

假如你是老马,请你跟周围人议论一下老东家种菜的事。

3. 请分组表演这个故事,可以根据自己的想象适当丰富或简化故事情节 Please form groups to re-enact this story. You may use your imagination to either enrich or simplify the story's plot where appropriate.

4. 请续编这个故事或者为这个故事安排一个新的结局 Please either write an epilogue or arrange a new ending for this story.

老东接受了教训,认真钻研种菜技术……

老西学习了很多营养保健知识……

小东还是认为"不干不净,吃了没病"……

小西有了洁癖,对什么食品都不放心……

二、交际练习
Communication exercises

1. 请说说老东一家在这次种菜活动中有什么经验教训。他们应不应该坚持自己种菜?
2. 你种过菜或养过花吗?有什么有趣的经历和心得?
3. 除了农药残留,还有什么因素危害我们的食品安全?
4. 你有什么办法保证自己的食品安全?

三个足球寡妇 10
Three Football Widows

情节简介 Plot Synopsis

"寡妇"本来指的是丈夫去世的女人,但片中老东、小东和南瓜为了看足球比赛,不理睬老西、小北和小西。于是,这三个女性就成了孤独的"足球寡妇"。她们本来对三个球迷一肚子不满,但后来却又理解了他们。这是为什么呢?

The term "widow" originally refers to a woman whose husband has passed away. However, in this episode Lao Dong, Xiao Dong and Nangua — for the sake of watching a football match — completely neglect Lao Xi, Xiao Bei and Xiao Xi. As a result, these three women become lonely "football widows." At first they are extremely discontent with the three football fanatics, but eventually come to understand them, why?

生词 New Words

1.	寡妇	guǎfu	名	widow
2.	罕见	hǎnjiàn	形	rare; seldom seen
3.	愚蠢	yúchǔn	形	foolish; idiotic
4.	雄性	xióngxìng	名	male
5.	荷尔蒙	hé'ěrméng	名	hormone
6.	排污	pái wū		drain away pollutants
7.	大烟	dàyān	名	opium
8.	居然	jūrán	副	to one's surprise; go so far as to
9.	推	tuī	动	refuse

92

三个足球寡妇
Three Football Widows 10

10. 盲	máng	名	illiterate
11. 烧	shāo	形	so "fired up" that one gets carried away
12. 威	wēi	名	might; power
13. 熊包	xióngbāo	名	good-for-nothing
14. 谱儿	pǔr	名	certainty
15. 协	xié	名	association
16. 损失	sǔnshī	动	lose (damages)
17. 充公	chōng gōng		confiscate
18. 跌	diē	动	drop
19. 嗜好	shìhào	名	addiction; hobby
20. 抠门儿	kōuménr	形	stingy; miserly
21. 大将	dàjiàng	名	general; high-ranking officer; key player
22. 风范	tēngtàn	名	air; bearing
23. 劈	pī	动	hoarse
24. 银耳	yín'ěr	名	white fungus
25. 润	rùn	动	moisten
26. 精道	jīngdào	形	perfect

Language Points

1. 不就是场足球比赛吗？

不就是……吗？

这是反问句的一种形式，语气比较强烈，真实的意思是表示肯定。如：

This is a rhetorical question form with a strong emphasis in mood. It actually expresses a positive sentence. For example:

（1）不就是借雨伞给你吗？拿去吧。

（2）不就是漂亮吗？有什么大不了的！

（3）不就是个小偷吗？不用害怕！

（4）不就是让我帮你吗？有话直说，我一定帮！

不就是场足球比赛吗

93

2. 叫得跟鬼似的

鬼

"鬼"在人们心中是丑陋的代表,"跟鬼似的"的意思是很恐怖。如:

In the minds of many Chinese people, "鬼" represents ugliness. "跟鬼似的" represent terror. For example:

(1) 他唱得跟鬼似的,难听死了。
(2) 他叫得跟鬼似的,真让人受不了。
(3) 他在化装舞会上打扮得跟鬼似的,吓死人了。

叫得跟鬼似的

3. 贵着呢,我花了几百大元。

形容词 + 着 + 呢

口语常用,表示程度很高。如:

It's often used colloquially, expressing a high degree. For example:

(1) 时间早着呢,别着急。
(2) 这姑娘,人长得漂亮着呢。
(3) 别看他个子高,其实胆子小着呢。

我花了几百大元

4. 哪儿有这么好的事儿?

哪儿 + 有(+ ……) + 这么(/那么) + 形容词

反问句,有不相信、怀疑或者谦虚的意思。如:

This is a rhetorical question expressing disbelief, doubt or modesty. For example:

(1) 我哪儿有那么好啊。您过奖了!
(2) 这件事哪有你说的那么严重啊!
(3) 哪儿有这么便宜的东西,肯定是骗人的。

哪儿有这么好的事儿

5. 我们都饿得前胸贴后背了。

形容词 / 动词 + 得 + 固定词组……

状态补语结构。"得"后面经常是固定词组,用来评价、判断、描写"得"前的动词。如:

我们都饿得前胸贴后背了

三个足球寡妇
Three Football Widows 10

This is a stative complement. "得" is usually followed by a set phrase expressing appraisal, judgment or description of the verb preceding "得". For example:

(1) 他气得脸红脖子粗。

(2) 他高兴得眉开眼笑。

(3) 我们饿得肚子都扁了。

(4) 他把我吓得手脚发凉。

知识库 Knowledge Bank

1. **球盲**(Football illiterate: This term is a play on "〈scholastically〉illiterate".)："盲",指不懂某方面的知识,"球盲"指不懂得足球的人。还有"舞盲、乐盲、电脑盲"等。

2. **拉下水**(Drag into the water or drag in. Used in a joking sense to express corrupting somebody.)：俚语,使某人做坏事。

3. **老虎不发威就当我是病猫**(A famous line by the HK movie star Stephen Chow:"If a tiger doesn't display his might others will think he is just a sick cat.")：意思是一个人如果不表现得强硬一点儿容易被别人当作软弱的人。

4. **吃独食**(Not share gains with others.)：比喻一个人独自享受某种好处,不与其他人分享。本课中的"独食难肥"意思是吃独食对自己没什么好处。

5. **精神损失费**(Compensation for mental anguish. Here it is used jokingly.)：本是法律名词,指的是因为给他人带来精神痛苦而给予的经济赔偿。很多人将其用于日常生活中,有开玩笑之意。

6. **猪肝脸**(Pig liver face or red-faced when angry〈like the color of pig liver〉.)：指的是一个人由于非常生气,脸色变成了如同猪肝脏的深红色。

7. **好汉**(Real man or true hero.)：指勇敢坚强的男子。中国人常说"好汉做事好汉当"、"不到长城非好汉"、"二(三)十年后又是一条好汉"等。片中模仿第三条俗语"两天后我又是一条好汉",意思是再过两天身体就会恢复健康,又成为一个坚强的男子汉。

8. **帅毙了**("毙"literally means to die, here it means with looks to kill.)："毙",即死,"帅毙"即非常非常帅。类似的说法还有"帅呆了"、"酷毙了",在年轻人中间非常流行。

练习
Exercises

情节理解部分　Plot Comprehension Section

一、听完以后填空,并讲一讲这个故事

Fill in the blanks after listening, and then retell the story.

老东和小东两人很喜欢看_____比赛,但是老西、小北很不理解。而南瓜也因为要看比赛推掉了小西的_____,让小西很不满意。他们三个人看比赛的时候都很_____,甚至小西告诉南瓜自己有了新的_____,南瓜也好像没听见。老东因为看比赛,自己的钱被_____拿去花掉了,他很心疼,发誓以后_____看比赛,但要从这场比赛结束_____开始。

老西、小西和小北开始学着理解这三个男人。老西煮了夜宵让球迷们润嗓子。小北因为小东在比赛中_____而送给他一个_____当礼物。小西也开始和南瓜一起看比赛了。

二、判断句子正误

Determine whether these sentences are true or false.

1. 小东平时并不是一个很遵守时间的人。　　　　　(　)
2. 小东的闹钟震动很大,好像地震一样。　　　　　(　)
3. 小北觉得看足球的人都需要休息。　　　　　　　(　)
4. 小东看球的时候觉得小北很漂亮。　　　　　　　(　)
5. 小西因为南瓜推掉自己的约会而找了新的男朋友。(　)
6. 老西用老东给的精神损失费买了很多好吃的。　　(　)
7. 老东并不是真的打算以后不再看球。　　　　　　(　)
8. 老西认为有个嗜好比小气好。　　　　　　　　　(　)
9. 小东在比赛中受伤指的是嗓子喊坏了。　　　　　(　)
10. 小西也很懂得足球比赛了。　　　　　　　　　　(　)

三个足球寡妇
Three Football Widows 10

三、选择正确答案

Choose the correct answer.

1. 老西说"打死我也不明白"意思是_____。
   A. 她一点儿也不明白　　　　B. 她死了以后才能搞明白
   C. 她到死才能明白　　　　　D. 她被人打了才明白

2. 小北觉得小东很投入地看足球很_____。
   A. 不值得　　　　　　　　　B. 愚蠢
   C. 专心　　　　　　　　　　D. 激动

3. 从小西对他们看足球的评价中我们无法知道他们看足球时_____。
   A. 是否喜欢喝酒　　　　　　B. 是否喜欢说脏话
   C. 语言表达能力的强弱　　　D. 身体的健康状况

4. 老东以前_____。
   A. 就很喜欢看足球　　　　　B. 对足球一点儿不了解
   C. 不是球迷，但比较了解足球　D. 也很不理解小东

5. 老西说老东当自己是透明的意思是_____。
   A. 老东眼睛里只有老西　　　B. 老东的眼睛很纯洁
   C. 老东的视力很好　　　　　D. 老东眼睛里只有足球

6. 小北认为不讨好自己的小东_____。
   A. 是真正的男子汉　　　　　B. 和平常一样
   C. 很正常　　　　　　　　　D. 很特别

7. 小东的嗓子喊坏了，他_____。
   A. 决定去医院　　　　　　　B. 很不高兴
   C. 没办法说话　　　　　　　D. 无所谓,完全不在乎

8. 小西要发挥大将风范的意思是_____。
   A. 要帮助南瓜找贝克汉姆的签名　B. 要宽容地对待这几个球迷
   C. 要用平时的标准要求南瓜　　　D. 自己要成为球迷

9. 同事听说小北要送小东哨子,以为_____。
    A. 小东会踢足球　　　　　　B. 这是小北的特别礼物
    C. 小东很会吹哨子　　　　　D. 这是小北的新创意

10. 小西看球赛时_____。
    A. 很投入　　　　　　　　　B. 开始学习了解足球
    C. 并不了解足球　　　　　　D. 并不关心比赛本身

想一想　三个足球寡妇是怎么让这三个球迷知道自己的厉害的?

语言点部分 | Language Points Section

一、填出句子中缺少的词或短语
Fill in the blanks with words or phrases.

1. 你小子,_____地准时啊!
2. 白天没个人样儿,跟抽了大烟_____。
3. 就连我的美貌都让他_____了!
4. 谁给的?_____有这么好的事儿?
5. 再看球,就把我的零用钱_____!
6. 有个_____也好,比抠门儿_____。
7. 老婆子,厨艺真是越来越_____啊!
8. 小东会踢足球?没听说过啊!真_____!
9. 有了它,想喊_____声就喊_____声!

二、用所给词语或句式完成对话
Use the words or sentences provided to complete the dialogue.

1. A:怎么样,看看我的新衣服!
   B:_____,好像有点儿不太值得。(不就是……吗)
2. A:他怎么说走就走了,学期还没结束呢。
   B:_____,他为什么做这样的决定。(打死我也……)
3. A:最近学习真是太忙了。
   B:是啊!_____。(连……都……)
4. A:我的同屋考试从不复习,可每次都是第一名。_____!(服)
   B:真的啊! 太厉害了!

三个足球寡妇
Three Football Widows 10

5. A：吃东西呐！_____。(吃独食)

   B：好吧,看在你没吃饭的份上,给你分一点儿。

6. A：最近商场搞促销,这台电视挺便宜吧。

   B：什么呀,这台电视是新产品,_____。(……着呢)

7. A：刚才我去图书馆,路上捡到了一个书包。

   B：这个人真不小心,连书包都丢了。_____！(哪儿有……)

8. A：上了一天辅导班,_____。(形容词、动词+得+固定结构)

   B：那你快点儿休息休息吧。

9. A：太好了,马上就要放假了！_____。(想……就……)

   B：放假就是自由,我也想和你一起去。

10. A：你看,这个明星长得真不错。

    B：还真是的！_____！(形容词+毙)

三、用本课学过的词或短语改说下列句子

Use the words or phrases learned in this lesson to rewrite the following sentences.

1. 这个人今天真没精神！(跟抽了大烟似的)
2. 他眼里根本就没有我。(透明)
3. 他好像对我总是看见了装作没看见。(视而不见)
4. 我以前对舞蹈一点儿也不懂。(盲)
5. 他被自己的朋友带着去偷东西,结果进了监狱。(拉下水)
6. 如果我不发脾气,可能别的人会把我当成好欺负的人。(老虎不发威当我是病猫)
7. 别一个人吃啊,给我们大家都分点儿。(吃独食)
8. 他的脸怎么气得像猪肝那么红？(猪肝脸)
9. 这个人学习很认真,一点儿很小的问题都要搞清楚。(连……都不放过)
10. 我感冒了,非常没有精神,不过你放心,休息几天肯定没事儿！(感冒)

表达部分 | Expression Section

一、复述故事内容

Retell the story.

1. 请在老西、小西和小北这三个角色中选择一个,以选择对象的口吻和身份来复述故事内容,并重点讲一讲自己对足球和球迷态度的变化过程 Please adopt the

personas and manner of speaking of Lao Xi, Xiao Xi or Xiao Bei to retell the story, with an emphasis on the course of one's change in attitude towards football and its fans.

2. 请两两合作，以老东和老西、小西和南瓜、小东和小北的身份设计一段对话，谈谈自己对足球的看法 Please work in twos, using the personas of Lao Dong and Lao Xi, Xiao Xi and Nan Gua or Xiao Dong and Xiao Bei to create a dialogue, discussing one's thoughts about football.

3. 请分组表演这个故事，可以根据自己的想象适当丰富或简化故事情节 Please form groups to re-enact this story. You may use your imagination to either enrich or simplify the story's plot where appropriate.

4. 请续编这个故事或者为这个故事安排一个新的结局 Please either write an epilogue or arrange a new ending for this story.

小西对足球比赛的了解越来越多，她也越来越喜欢足球了。……

小北认识了一个足球明星，小东为此很紧张。……

老东尝试让老西也喜欢上足球，他想了很多办法，比如……

南瓜为了让小西更了解足球，就开始学习踢足球，可是……

二、交际练习

Communication exercises

1. 请说一说你们国家的球迷在看比赛的时候有什么有趣的表现。
2. 请介绍一位你比较熟悉的足球明星。
3. 你认为足球比赛的过程和结果哪一个更重要？为什么？
4. 你去现场看过球吗？你觉得现场看球和电视直播有什么不同？
5. 你喜欢一个人看足球比赛还是和很多人一起看？你喜欢在哪里看？说说你的理由。
6. 足球比赛中有时会出现裁判的误判。你觉得用录像来改变裁判的判决是否可行？
7. 如果世界杯改成两年一次，你觉得怎么样？

南瓜工作记
Nangua's Work Journal
11

情节简介 Plot Synopsis

南瓜失业两个月了,连请小西吃饭都要小西掏钱。为了请得起小西吃饭,南瓜决定要找份工作。他去尝试过好几份工作,都因为回答不好老板的问题——"你工作忙不忙"而被炒鱿鱼。碰了N次钉子之后,南瓜会有他的"完美"答案吗?

Nan Gua has been out of work for two months now, it is to the point that when he takes Xiao Xi out to eat, it's Xiao Xi who gets the bill. Nan Gua is determined to find a job in order to be able to afford treating Xiao Xi. He tries all kinds of work, but every time he ends up getting fired for answering the boss's question "Are you busy?" poorly. Rejected for the umpteenth time, will Nan Gua finally give the "perfect" answer?

生词 New Words

1. 吃货	chīhuò	名	somebody who only eats and does nothing; good-for-nothing
2. 失业	shī yè		lose one's job
3. 条理	tiáolǐ	名	proper arrangement or presentation
4. 开除	kāichú	动	dismiss
5. 解雇	jiěgù	动	fire
6. 出风头	chū fēngtou		seek the limelight
7. 大包大揽	dà bāo dà lǎn		take on all aspects of a job by oneself
8. 偷懒	tōu lǎn		loaf on the job

9. 炒	chǎo	动	fire (an employee)
10. 居安思危	jū ān sī wēi		be prepared for danger in times of peace
11. 转正	zhuǎnzhèng	动	become a regular employee (after a trial period)

情节理解 | Plot Comprehension

边听边答，并把这些问题的答案连成一段话，讲一讲这个故事
Listen and answer, then use the answers to the questions to form a coherent passage of speech, retelling the story.

1. 南瓜尝试过多少工作？

2. 对"你工作忙吗"这个问题，南瓜有多少种回答？

3. 老板们为什么要炒南瓜的鱿鱼？

4. 最后一次，南瓜为什么要主动离开？

老东学英语 12
Lao Dong Learns English

情节简介 Plot Synopsis

街道居委会安排英国友人在老东家住三天,体验中国式家庭生活,这可忙坏了老东老西。为了能同英国友人自由交流,老东苦练英语。终于等到外国人来的这天,没想到的是……

The neighborhood committee, in order to give a British guest the opportunity to experience what a Chinese family's life is like firsthand, plans a three-day home stay at Lao Dong's home. So as to facilitate communication with the British visitor, Lao Dong and Lao Xi rigorously practice their English, nearly exhausting themselves in the process. The day the foreigner finally arrives, all are surprised to find out…

生词 New Words

1. 吃喝拉撒	chī hē lā sā		take care of daily needs (eat, drink, go to the bathroom)
2. 不卑不亢	bù bēi bú kàng		be neither too humble nor too proud
3. 落落大方	luò luò dà fāng		be easy-going and poised
4. 横竖	héngshù	副	anyhow; anyway
5. 派用场	pài yòngchǎng		put to use
6. 本钱	běnqian	名	capital
7. 吃不消	chī bu xiāo		be unable to persist
8. 铆劲儿	mǎo jìnr		make a sudden all-out effort

9. 抽筋	chōujīn	动	cramp
10. 溜	liù	形	fluent
11. 激将法	jījiàngfǎ	名	tactics of prodding somebody into action
12. 郁闷	yùmèn	形	depressed

情节理解 Plot Comprehension

边听边答，并把这些问题的答案连成一段话，讲一讲这个故事
Listen and answer, then use the answers to the questions to form a coherent passage of speech, retelling the story.

1. 对老东学英语这件事，老西的态度是什么？

2. 老东用什么办法练习英语发音？路上的母女为什么觉得可怕？

3. 老东在什么场合，跟什么人说了什么英语？

4. 最终老东的英语派上用场了吗？为什么？

104

小学同学聚会 13
Elementary School Class Reunion

情节简介 Plot Synopsis

你参加过同学聚会吗？小时候的朋友变成了什么样子？是不是让你很吃惊？这次，小东收到一封请柬，邀请他参加小学同学聚会。小东想起上小学时和一个叫小满的女孩儿关系很好，想象着再次见到她会是什么样子。可是，现实是那么残酷……

Have you ever been to a class reunion? How much did your childhood friends change? How surprised were you? This time, Xiao Dong receives an invite to attend his elementary school class reunion. Xiao Dong fondly recalls a young girl named Xiao Man, imagining what it will be like to meet her again. Unfortunately, reality is harsh…

生词 New Words

1.	请柬	qǐngjiǎn	名	invitation card
2.	恐怕	kǒngpà	动	(I'm) afraid (that)
3.	零用钱	língyòngqián	名	pocket money
4.	跟班	gēnbān	名	sidekick
5.	相亲	xiāng qīn		blind date
6.	奖券	jiǎngquàn	名	lottery ticket
7.	寒碜	hánchen	动	ridicule; put to shame
8.	莽撞	mǎngzhuàng	形	rash
9.	投资	tóu zī		invest
10.	劈叉	pǐ chà		do the splits

105

情节理解　Plot Comprehension

边听边答,并把这些问题的答案连成一段话,讲一讲这个故事
Listen and answer, then use the answers to the questions to form a coherent passage of speech, retelling the story.

1. 小东收到一封请柬,请他什么时间,到哪里参加什么活动?

2. 小东想起了小时候的什么事情?

3. 老东和老西以为小东去干什么?他们对小东有什么希望?

4. 小东想象中的小满是什么样子?他打算对小满说什么?事实是怎样的?

家里来了小强
Xiao Qiang Joins the Family
14

情节简介 Plot Synopsis

很多家庭都养着宠物,人们和宠物和睦相处,甚至产生像家人一样的感情。这一天,小东买回来一只小狗。老东、老西、小西对这只小狗的到来反应各不相同,但最后都暂时接受了它。后来小东把小狗卖掉了,大家都感到很高兴。但是很快又觉得不适应了,接下来会发什么故事呢?

In a lot of households, pets and their masters live together in harmony, some may even share a bond as strong as family. One day Xiao Dong buys a little dog and takes it home. Lao Dong, Lao Xi and Xiao Xi all have different reactions to the arrival of the little dog, but all eventually accept it in the short term. When Xiao Dong sells the little dog off, everyone is happy. However, they suddenly find it difficult to adjust. What happens next?

生词 New Words

1. 抵债	dǐ zhài		pay a debt in kind or by way of labor
2. 耗子	hàozi	名	rat
3. 歧视	qíshì	动	discriminate against
4. 报答	bàodá	动	repay in kind; requite
5. 遛	liù	动	walk (an animal); take (an animal) for a walk
6. 伺候	cìhou	动	serve
7. 挠	náo	动	scratch
8. 掺和	chānhuo	动	blend; mix

107

9. 卸	xiè	动	remove
10. 追悔莫及	zhuī huǐ mò jí		be too late for repentance
11. 缘分	yuánfèn	名	predestined relationship
12. 惹事	rě shì		stir up trouble

情节理解 Plot Comprehension

边听边答,并把这些问题的答案连成一段话,讲一讲这个故事
Listen and answer, then use the answers to the questions to form a coherent passage of speech, retelling the story.

1. 小东买狗的目的是什么?

2. 老东、老西、小西对小狗的到来各是什么态度?

3. 老东每天早上带小狗去干什么?他愿意吗?

4. 小狗跟那只小猫发生了什么事?

5. 小狗被卖掉后,家里人都有什么感觉?

临时奶爸
The Temporary Male Nanny

15

情节简介 Plot Synopsis

小东、小北闲聊，看见别人有了小孩儿很羡慕。北北认为太早生孩子没人带，小东认为自己将会是个好爸爸，小北却质疑小东能否带好孩子。小东很不服气，正巧小北的姐妹因有事，托小北帮忙照顾小孩。小东决定利用这次机会，证明自己是空前绝后的好父亲。结果会怎样呢？

Xiao Dong and Xiao Bei envy people who have children. However, Bei Bei feels if one has a child too early, no one will be there to raise it. Xiao Dong feels he'd be a good father, but Xiao Bei has her doubts. Xiao Dong refuses to concede. As luck would have it, Xiao Bei's sister has entrusted Xiao Bei to look after her child while she takes care of an important matter. Xiao Dong decides to use this opportunity to prove that he is the best father ever. How do things end up?

生词 New Words

1. 一准儿　　　yìzhǔnr　　　副　　surely
2. 残次品　　　cáncìpǐn　　　名　　defect
3. 几率　　　　jīlǜ　　　　　名　　probability
4. 小菜一碟儿　xiǎo cài yì diér　　　a piece of cake
5. 风流倜傥　　fēng liú tì tǎng　　　romantic and uninhibited
6. 玉树临风　　yù shù lín fēng　　　tall and extremely handsome
7. 铁证如山　　tiě zhèng rú shān　　irrefutable evidence

8. 恶魔	èmó	名	demon
9. 空前绝后	kōng qián jué hòu		unique
10. 试探	shìtàn	动	feel out; sound out
11. 放风	fàng fēng		let prisoners out for exercise or to relieve themselves
12. 绝种	jué zhǒng		be a dying breed; become extinct
13. 天赋	tiānfù	名	innate gift

情节理解 | Plot Comprehension

边听边答，并把这些问题的答案连成一段话，讲一讲这个故事

Listen and answer, then use the answers to the questions to form a coherent passage of speech, retelling the story.

1. 小东小时候是个乖孩子吗？

2. 小北怎样考验小东是否能当好父亲？

3. 小东怎么把孩子丢了？

4. 公园里的男人为什么认为小东是精神病院跑出来的？

5. 小北对小东今天的表现满意吗？

110

1 礼物

(马路边)
老东：吃顶了你？
老西：还记得今儿是啥日子吗？
老东：六必居酱菜打折？不到日子呢。
老西：咱们结婚三十年。
老西：走啦。
老东：老婆子啊，等等我。结婚三十周年我哪儿能不记得啊，再说了，这么多年，哪一次我不合格啊？
老西：啊？！
老东：我请你吃大餐。

(饭店门口)
男服务员：不好意思二位，今天的免费水煮鱼已经卖完了！
老东、老西：啊！

(马路边)
老东：我给你买衣服。

(甄家客厅)
老西：老头子啊，把你给我买的五千块的大衣拿来，我去给我那几个老姐妹养养眼。
老东：哦，忘跟你说了，那大衣我给退了，太不值，回头我给你买更好的。

(马路边)
老东：我还陪你去旅游。

(景区门口)
老西：门票是贵了点儿，那也得进去看看啊，要不不就白来了吗？
老东：这好办，你站在公园大门前，我给你拍张照片。人家要问，你就拿照片给他们看。好，就在这儿吧。来，笑一个。

(马路边)
摄影师：这儿。
老西：老头子，三十周年就送我那个吧！
老东(心想)：不。

(婚纱店内)
促销小姐：这已经是我们这里最便宜的系列了。
老东：再便宜点儿，优惠一下我们老年人嘛。
促销小姐：大叔，要不是看您这么诚心，在我们这儿站了三个小时，我们是绝不会做这种亏本生意的。
老东：行，就这套吧。搞定了，老婆子！打六折，哈哈，还外带车接车送，而且，送当日三餐。
促销小姐：太太，先试试我们的婚纱款式吧！跟我来。
老西：老头子。
老东：呦，不错嘛！
老西：太肥了。
老东：不肥，这衣服太适合你了。一点儿布料也没浪费呀。
老西：是我太肥了。
老东：那，再换一件。
促销小姐：不好意思，这已经是最大号了。

(马路边)
老东：我也不想照相这事儿黄了啊，咱这不是衣服不合身嘛。下回、下回咱们减减肥再来拍。
老西：就这回吧，这回我有信心，一定能穿上。
老东：我没信心，回家。
老西：啊！

111

老东：啊！你、你给我回来！

(以前的照相馆)
摄影师：看这里、这里，好，准备。

(马路边)
老东：来，东东、西西，来这儿，慢点儿、慢点儿、慢点儿。

(甄家客厅)
小西：这么晚了，老两口挺能逛啊。
小东：不会是背着咱们，偷偷下馆子了吧？他俩不会又打起来了吧？
老西：慢点儿、慢点儿、放那儿、那儿，慢点儿慢点儿。
老东：老婆子！
老西：谢谢啊！
老西：坐下来试试。
老东：你、你哪儿来的钱？
老西：拍婚纱照的钱哪。
老东：啊！
老西：我也想通了，反正也没我能穿上的衣服，这婚纱照咱也不照了，省下这笔钱买点儿实用的。
老东：喜欢吗？
老西：老头子！
小西：太感人了！
小西：好了吗？
小东：OK了。
小西：老妈，再靠近一点儿。
小东：一、二、三！

2 各人自扫门前雪

(老马家,早上,外面在下雪)
老马：瑞雪兆丰年哪！

(甄家,小东卧室)
小东：嗯，下雪了，惨了，晚上还要去接小姑奶奶下班。

(甄家,小西卧室)
小西：该死，又胖了一圈儿！

(甄家客厅)
老东：东子他妈，今天晚上吃涮羊肉吧？
老西：想吃自个儿做，我要上居委会开会去了！

(街道居委会)
老刘(居委会负责人)：这个活动希望大家好好配合，把咱们群众的积极性都调动起来。好，那就这么着，散会！
老　西：刚才都说什么了？
老太太：扫……
老　西：扫雪嘛不就是，回见啊！

(甄家院子)
老东：什么，又扫雪！
老西：这是街道安排下来的任务，再说了，这种活儿总得有人干吧！快点儿！
老东：假积极！
老西：老马，老马。
老马：什么事啊？
老西：街道组织去扫雪，一块儿去吧。
老马：行啊，我回屋拿把铁锹。
老东：不是我不能扫啊，实在是不想扫啊。
老西：啊，说什么呢？
老东：啊，没什么！
老马：好了，走了！
老东：哎哟，哎哟！
老马：老东？
老东：别动我！别动我！一动准出事！
老马：老西，看样子老东是伤着腰了。
老西：啊？
老东：你看这事闹的，还要扫雪呢……唉，我这腰啊，是老毛病了。
老马：别管了别管了，你的那份我帮扫了就是了！老西，赶紧扶老东回家躺着，地上凉，我先去了啊。
老东：哈哈，快、快扶我起来呀！
老西：丢人！
老东：你，你！……哎哟，冻死我了。

(甄家)
老东：死心眼儿，扫你的雪去吧！……(老西进来)扫完了？中午吃什么呀？
老西：你自己吃吧，老马的手划破了，我给他拿些药膏。

112

老东：嘿！还扫出阶级感情来了！

（甄家门外）

老西：啊，好几年没下这么大的雪了。
老马：是呀，看我这把铁锹，放院里都生锈了。
老西：一会儿咱们扫完了，去老刘那边看看，还需不需要帮手。
老马：行！干吧。

（甄家门口）

老　东：嗨！
老　马：嫂子，回去看看吧，老东他得有个照应啊。
老　西：嗯，不就是个腰疼嘛，没事儿，他能照顾自个儿！
一老头儿：老东大兄弟，怎么不扫雪去啊？
老　东：腰闪了！
一老头儿：那就太可惜啦，一台微波炉呢！那你好好休息吧。
老　东：啊……什么微波炉？
一老头儿：老西大妹子没跟你说吗？今年扫雪标兵奖一台微波炉呢！好了，你好好休息吧！走啦。
老　东：啊，这个死老婆子，该听的没听见，不该听的倒全听着了！

（甄家门外）

老　马：老西，差不多了，咱去老刘那边看看吧。
老　西：行！来了。
老　马：老东，怎么出来了，你的腰！
老　东：我……的……腰……奇……迹……般……地……恢……复……了！
老　马：他这么跑，可千万别摔着！
老　东：哎哟！
老　马：我什么也没说哦！老东，没事儿吧？
老　西：哼！又来这一套！
老　马：老西，你还不过来帮把手？……看样子，伤得不轻呀！
老　西：老头子……，老马快，快……快叫救护车！……老头子，挺住啊！

（甄家卧室）

老西：老头子，喝药啦。……喝吧，不烫了！
老西：别伤感了，知错就改还是好同志嘛。

（甄家门外）

老马：谁呀？大清早的。（开门看见雪人）啊？哟，哪儿来的小客人呀！
老东：嗨！
老马：哈哈，这样就更好了！

3 你在我心里是最美

（小西公司，会议室）

经　理：这是今年最新的动画情景喜剧——《快乐东西》，收视率很高，你们好好琢磨一下，再这样下去，我们黄金档的节目都会受到影响。看，这是他们的配套产品。
老板娘：这不是比着小西做的吗？
经　理：像，真的很像。
老板娘：要是不化妆还没那么像。
经　理：真的，小西今天化妆了。
小　西：我再也受不了啦！我要做美女！

（甄家客厅，晚上）

老西：整容？你娘我十月怀胎，养你二十六年，哪一点不称你的心啦？你嫌我丑啦？
老东：唉，算了算了，让她自己做主吧，想整哪儿呀？
小西：鼻子。
老西：鼻子？！你的鼻子长得和我一样的漂亮啊。
老东和小东：啊……
小西：我要垫高，垫高！
老西：都这么高了，还要高到哪儿去呀？上月球去呀？
小西：只要我的眼睛能看见自己的鼻尖就行了。
小东：垫了鼻子你也成不了美女。猪拉长了鼻子不也就是头大象吗？
小西：那我就一样一样都把它做了！
小东：别费那劲了，人家南瓜也没嫌你丑啊！
老东和老西：小东！
小西：啊……
南瓜（进来）：叔叔、阿姨，小西呢？
老东：我没生这个女儿！
老西：我也没生！
南瓜：东子，到底怎么了？
小东：小——西——要——整——容——

南瓜：啊，太可怕了，我得劝劝她。

（小西房间）
小西：进来。
南瓜：小西，我听说……
小西：他们都反对我……
南瓜：小西……
小西：怎么办？
南瓜：我支持你！
小西：真的？
南瓜：我陪你去整容，谁反对你，我就跟他拼了！

（甄家客厅）
老西：南瓜，你太没骨气了！
小东：关键时刻投敌叛变。
老东：做我们家女婿你……不配！
南瓜：可是都是因为你们，小西才要去整容的呀！
老西：我们怎么啦，我们不都是模样端正的主儿吗？
南瓜：十五岁起，别人都说她是五短青年，光在我面前就哭了N次了……
小东：五短青年……
南瓜：住口，你整天管她叫丑丫头，再丑人家也比你强！（南瓜扭头看着老东）
老东：我可没说过什么……
南瓜：你是她爸……
老东：这也有错？……
南瓜：小西走到这一步都是你们逼的，小西不自信的根源在哪里呀？就在这里，在她的家庭里！我要挽救她……

（小西公司）
（小西推开门看见了经理）
经理：小西，今天怎么不化妆了。
小西：哼！等着瞧！

（快乐女人整容中心）
小　西：手术要是失败了，怎么办？要是我变得比现在还丑……
南　瓜：现在后悔还来得及……
小　西：可是……这是我多年的梦想。我要当美女……
南　瓜：当了美女之后，大家会更加喜欢你的。
小　西：再也没有人说我丑了……
小女孩儿：阿姨，你跟我的布娃娃长得真像。

小　西：谁长得像那个丑东西呀？
小女孩儿：你说我的布娃娃丑……你才丑哪，你是胖巫婆……
小　西：我有那么可怕吗？
南　瓜：那布娃娃比你丑多了，可是它可爱、自然，所以小朋友们都喜欢它……
小　西：真的？
小女孩儿：阿姨，我喜欢你笑的样子。送给你。
画　外　音：甄西女士，请到手术室。
小　西：怎么办？南瓜，该我了……
画　外　音：甄西女士，请到手术室。
南　瓜：别整了，小西……
小　西：不成，我非整不可。
南　瓜：好吧，要是做坏了，我……我娶你。

（小西感动，南瓜望着布娃娃流泪）
南瓜：怎么又不做了？
小西：你是不是……也觉得这个娃娃很可爱啊？
南瓜：嗯……
小西：我也这样认为，我不整容了……
南瓜：那，我永远没机会娶你了……
小西：南瓜，你是个大笨蛋。

 赶场儿

（小西房间）
小西：啊，都十点了！

（甄家院子）
小西：老爸，快让开！
老东：小心！
老西：哎哟！你这么急猴似的，干吗去啊？
小西：洗脸刷牙。
老西：得，最后一点儿水也没了！
小西：为什么？
老东：我抱歉地通知您，今儿这片儿停水，直到下午六点。
老西：今儿礼拜天，你又不上班，不洗脸怕啥。
小西：我得赶场儿啊！
老东：又去参加婚礼？昨儿不刚完吗？
小西：今儿十点半碧倩，十二点娅娜。
老西：这踩着风火轮都赶不过来啊。

小西：我算好了，碧倩的婚宴我就不吃了，看差不多了，就溜出来。
老东：这得交多少份子钱呐？
小西：唉，本人正式宣告破产。这都不说，到昨天为止，我一个新娘的花球都没接到。

(小西回忆)
司仪：请未婚的美女上前来，谁接到新娘抛出的花球，她就是下一位新娘子。

(回到现实)
老东：也就是说，你送了五百块的份子钱，就吃了一顿饭？
小西：老爸，人情大过天哪！
老西：那你赶来赶去一个花球也没接着？
老东：天哪！这还有天理没有？
小西：回头我再跟您掰哧天理。(冲回自己房间，一阵手忙脚乱，换好套装出来)拜拜！
老东：这个月给小西补贴点儿零花钱吧。
老西：唉，可怜的孩子。
老东：赶明儿，小东小西结婚，咱家能挣双份的份子钱。
老西：嘿嘿，这么一想，办婚礼还真是桩好买卖。

(马路上，出租车里)
广播里播：今天是个结婚的好日子。我上班路上就看见七辆花车，估计都是赶去接新娘子的，真是全城同婚的大喜日子啊！
司 机：走三环还是四环啊？
小 西：随便您。
司 机：三环挖路，堵着哪。
小 西：那就四环吧。
司 机：那得绕着走。
小 西：劳驾您开快点儿，我得去参加人家婚礼，要迟到了。
小 西：喂，我在路上，马上就到。什么，堵在三环？嘿嘿。
小 西：不急了，花车还在绕城一周，游街示众呐。
司 机：到了。
小 西：加油加油，今天一定要成功。

(酒店)
画外音：下面请未婚的美女到台前来，接新娘的花球，看谁会是下一位新娘子。
画外音：小女刘娅娜跟爱婿焦大明情投意合，在

生活中，在工作中，互相帮助……
老女人(醉醺醺地)：你一直这么照顾我家姑娘，这杯我非敬你不可。
小 西：您太客气了，我也没做什么啊。我到现在还一粒米没下肚呐，喝了这杯不是要我的命吗？
老女人：我先干为敬了！
老女人：感谢，感谢，再感谢！干！
男 子：大姐你走错屋子了，咱们在那边。
老女人：我说我怎么不认识呢！
小 西：我晕。
主持人画外音：下一个节目，新娘抛花球。
小 西：啊！来了！来了！
小 西：啊——！

(出租车内)
司机：哈哈，真巧呀，又是你。
小西：唉，连着两场婚宴，什么都没吃上，莫名其妙被灌了一肚子的酒。
司机：嗨，别看婚礼风风光光的，我是过来人了，得累掉一层皮。千万别赶这两年结婚，你瞧着吧，这两年出生率准高，将来您孩子上学的时候，得跟多少人竞争啊，现在是哭着喊着求好学校收咱孩子……

(甄家院子)
鸟甲：亲爱的，亲爱的，亲爱的，你别哭了，求求你、你听我解释，我脚上的环是动物保护协会给我戴上的，真的不是我的结婚戒指。
鸟乙：这年头儿结婚的海了去了，谁分得清啊。
小西：连鸟都开始谈结婚了，什么时候才轮到我呢。

5 一人一个梦想

(菜市场)
老 西：张大妈，我先走了啊。
老 东(边跑边说)：不要问我从哪里来。
小 东(边跑边说)：也不要问我到哪里去。
老 东：人生本是一场赛跑。
小 东：为的就是争个冠军。
老 西：这死老头子，又抽的什么风啊。

(外面)
小　东：老爸,咱们今儿跑了16公里。
老　东：不,不错,明儿再接再厉,跑,跑它个20公里。累死我了。
播音员：男子马拉松长跑比赛老年组季军奥兹维斯,亚军衮嘟拉,冠军甄子东。

(甄家)
老　西：寿星佬儿翻跟斗,老得发昏。
小　东：自从老爸知道,市里要举办国际老年人马拉松长跑比赛之后,就像是开了锁的猴子。约束不了了。
老　东：唉,我小时候,还曾经被一教练跟踪过呐,叫啥来着,叫刘长河。
小　西：为什么?
老　东：人家看出你老爸是一根体育好苗子啊。
老　西：这事儿我怎么不知道啊。
老　东：低调,我这个人低调。
小　东：老爸,为啥你最后没成运动员呐?
老　东：开、开饭。
老　东：老婆子,吃呀。在一旁过干瘾有什么劲啊?
老　西：晚上不能吃主食,要不胖起来速度加倍。
老　东：吃吧,吃吧,饿坏了还得胃病呢。
小　西：知道什么叫患得患失吗?就是你饿得要死,结果吃撑了,下回饿的时候还是吃撑了。
老　西：我就一个梦想,希望有生之年,能亲手摸到自己的肋骨。
老　东：咱俩是寿星佬儿碰上五方道神。你不说我长,我不说你短,有梦想是好事儿啊,想摸到自己肋骨是吧,我帮你实现。
老　西：真的?
老　东：明儿早起来跟我一块儿长跑吧。
老　西：你知道我跑不动。
老　东：三个月,只要三个月,你就能数清自己肋骨有多少根儿啦。我保证。

(外面)
老　西：老头子,我跑不动,饿了。
老　东：追上我,它就是你的。
老　西：给我鸡腿儿。我的鸡腿儿,我的鸡腿儿,死老头子,我跟你拼啦。

(甄家)
小　西：进来。
小　东：老妹,啥事儿?
小　西：明儿老爸就要参加比赛了,咱就算不支持,也得表表态吧。
小　东：你要干什么?
小　西：甄氏拉拉队,以智取胜。
小　东：你怎么找到他的?
小　西：哼哼,找世界上任何一个人,中间环节不超过六个人,问身边的朋友,再问朋友的朋友,再问朋友的朋友的朋友,而我一动脑子,问到第三个人就找到了。
小　东：老爸,有这个人帮你实现梦想,不怕你得不着冠军呐。

(外面赛场)
老　西：老头子,要是撑不住了,可别勉强自己,还是身体最重要啊。
老　东：我心里有数,你别唠叨了。
播音员：比赛就要开始了,请运动员们做好准备。
老　西：唉,看样子,老头子是没希望了。
小　西：看来只好用最后一招了。
刘长河(出现)：小子,你给我站住。
老　东：啊,刘长河?
刘长河：别以为过去几十年,那事儿我就不追究了,你看看我的额头。

(甄家)
老　东：唉,这都是命啊,你少吃点儿不成吗?别说肋骨摸不到,再吃,连腿你都摸不到。
老　西：哼,我这叫有福会享,不像某位同志,到嘴的鸭子还要自己吐出来。
老　东：这,比赛在于参与,不在于结果,从明儿开始我接着跑,明年的冠军铁定跑不了。
老　西：啊,早说啊,我陪练,有梦想就要去实现。
老　东：随你,我的新陪练已经请好了。
老　西：谁啊?
老　东：刘长河,老刘头。

(老东回忆)
刘长河：谁呀,小子,你给我站住。我不是让你赔玻璃。
老　东：哼哼,骗谁也骗不过我甄子东,谁信啊?
刘长河：我是刘长河教练,你是哪个学校的,喂,喂?

6 大买卖

（仓库外）

大伟：嗯，就是这儿。
小东：是这间吗？
大伟：像，看看去。……没错，就是这儿。
大伟：你说我叔他做了一辈子生意，怎么也得留点儿好东西给我吧？不会是一仓库的人民币吧？
小东：快打开看看。
大伟：我要亲自见证这历史的一刻！
小东：天啊！

（甄家客厅）

小东：哎呀，你们是没去现场啊，那可真是墨镜的海洋啊！要说大伟还真够仗义……
老东：送了你十几包？
小东：卖了我十几包。
小东：出厂价，出厂价……
小西：那你准备怎么处理这些友情的见证啊？
小东：卖呗！
老东：不能卖！咱们家世代没出过二道贩子。
老西：怎么就不能卖啊！咱胡同口不有早市吗？明儿我就练摊儿去！
小东：NO，NO，NO。
小东：哈哈，上网开店。

（甄家客厅）

小东：其实，网上开店很简单，我们上交易网注册一下，就可以把我们的交易信息登上去，买卖就开始了，听明白了吗？
小东：吴兰西同学，请讲出三个以上著名的网上商城。
老西：这么着好了，你分我一半，你就网……网上商城，我还是上早市练摊儿去。
小东：嗯，到时你可别后悔。

（早市）

一顾客：这眼镜多少钱啊？
老　西：五块！
一顾客：太贵了！

（甄家院门口）

小东：这货你绝对放心。……用好再来啊！
小东：哟，妈。练摊儿回来了？
老西：没少挣啊，怎么也得十几块吧？
小东：哼，五十！
老西：啊？哼，不奇怪，冤大头哪儿没有啊！
小东：这是今儿第二十一个啦！
小东：做买卖的不怕贵，就怕不贵，你越要的便宜，人家就越看不上你的货。……听明白了吗？
小东：好了，我还要去另一个地点交货，你自己好好消化消化吧。

（早市）

一顾客：这眼镜怎么卖？
老　西：五十！
一顾客：这、这、这也太贵啦！
老　西：您看看这个镜片，商场里卖好几百呢，小摊儿上十块二十的可没法用，要不是遇见我，您还没处买去呢！

（甄家客厅）

老西：五十，一百，一百五，二百，哈哈，儿子，你妈我今儿也不错啊。
小东：妈，您就别坐胡同口风吹日晒了，我看妈您也是这块料，您就和我一块儿干吧，接个电话什么的，咱直接把货批发给别的小商店，连门都没出就数上钞票啦。

（早市）

老西：唉，今天我是第一呀！
老西（热情地打招呼）：早啊！

（小东房间）

小东：哟，老妈，事业遇到阻碍啦？
老西：哦，也还行，就是……
小东：来、来、来，妈，进来说。
老西：我就想咨询一下。
小东：坐、坐下说。
老西：如果遇到同类的商品，同样的价位，还是同一销售地点，那该怎么办呢？
小东：老妈，成熟了，有竞争意识啦！
老西：竞争？
小东：是啊！恭喜您已经具备基本的商业头脑了！来，我先教你一招。

117

(早市)

老西：快去买啊，中间那个摊位的眼镜，又便宜又好……慢点儿慢点儿，请大家不要拥挤。人人都有，请大家排队购买。……谢谢，请大家排好队，每人都有机会，下周本小摊儿还有返券活动。

(甄家院门口)

老西：哎哟，干吗呢？
小东：有一买主把我的货全包啦，我上廊坊给他送货去！走啦！
小东：等我回来，我要开个更大的网——上——商——店——
老西：年轻啊！不服不行啊！

(甄家客厅)

小西：多少啊？
老西：嘘，你爸算账不能有干扰。
老东：嗯……净赚一千八百多块。
小西：哇，妈，不是一般战士哦！
老西：比你哥差远了！

(小东回来，身上受伤)

老西：小东，你这是？
小西：哥，你遭劫了？
小东：我遇上网络骗子，墨镜……都抢跑啦！
老东、老西、小西：啊！
小西：太可怜了。
老东：儿子，哪儿倒下的，哪儿爬起来。
老西：儿子，咱不怕，明儿跟妈上早市练摊儿去。
小东：啊！

7 偏偏喜欢你

(甄家院子，一只蟑螂在弹吉他)

小东：去！这年头儿，蟑螂也想做偶像派！
小西：妈，你眼圈儿怎么黑了？
老西：新……新式眼影！
小东：我昨晚怎么模模糊糊听见电视机响呀？
老西：准是你爸，大半夜不睡觉！
老东：是我吗？我怎么想不起来了啊？……啊，咱家电视机有自动开机功能吧？

(甄家客厅,半夜)

小西：啊！
小东：怎么啦？怎么啦？……好啊，老妈，我们可抓了现行啦！
老西：睡不着瞎看。
小西：唉，妈，你这品位不大对吧？看《流星家园》？
老西：听隔壁老马媳妇说，这是反面教材，我想研究一下，日后可以替你们俩的爱情把把关。

(甄家院子)

小东：啊?!
老东：一看见你我就生气！在自己家里鬼鬼祟祟，做贼一样！
小东：爸，你不是爱吃绿豆糕吗？我给你买了一斤。
老东：你一孝顺我就觉得哪里不对劲儿……唉，我说你大热天的戴个帽子干什么？
小西：哟，贝克汉姆！
老东：你看你像什么！限你二十四小时给我剃了！

(小西公司,办公室)

女同事甲：我最喜欢仔仔！
女同事乙：暴龙！
女同事甲：小西，你喜欢哪一个啊？
小　西：爱因斯坦……
女同事甲：那大脑袋……
小　西：都是智慧！
女同事甲：我不相信！F8那可是不管老少男女通吃啊！
小　西：这我倒相信。我们家就有一个疯狂的FANS……
女同事甲：难道是你老哥……
小　西：是我妈……

(甄家客厅,吃饭)

老东：不是说让你把头剪了吗？
小东：不剪！
老东：你不是要DVD吗？不是要六百块钱赞助费吗？
小东：不剪不行啊！这天热了，头发还真扎得慌！
小西：头发诚可贵，偶像价更高，若为DVD，两者皆可抛……

118

（音像店）

店主：哟，大妈，您看点儿什么？我们这儿有潘长江的小品……
老西：你有《流星家园》吗？
店主：您说什么？
老西：有赵本山的小品吗？

（甄家院子）

小东：老爸，我回来了。
老东：呵，这个头利整儿，没吃饭吧？我去给你拿点儿饭去。吃完饭到我屋里拿钱。
小西：哎，六百块分我两百，我周末去北戴河。
小东：嗯，没错，是烧糊涂了。
小西：嘿，你还挺滑头……怎么，改喜欢罗纳尔多啦？
小东：你小声点儿！
小西：我告诉爸去，说你阳奉阴违！
小东：小东西，两百就两百，够不够啊？！

（F8演唱会售票处）

粉丝甲：F8演唱会太棒啦，别提多酷了！
粉丝乙：花多少钱我也得看！我跟我妈要钱了。
粉丝丙：买不着可怎么办啊？千万别到我这儿没了。
粉丝丁：我喜欢F8！
老　西：我决定了，我要看演唱会。
老　东：一部破电视看了不下两百遍！现在还想花这么多钱看真人……你是不是不想过啦？你说这偶像和当年咱们崇拜的解放军，他有法儿比吗？人家解放军是人民利益为重，你再看看现在商品经济里的少男少女，唉……
粉丝甲：F8，我爱你！
粉丝乙：F8是我的！我灭了你！

（小西公司）

女同事：我不喜欢大明星晴晴。
小　西：我也不喜欢，晴晴的演技不好……
经　理：谁说晴晴的演技不好？我说她是中国最好的女演员！你们看过《夜路女贼》吗？她简直把那个义胆忠心的、侠骨柔情的、敢爱敢恨的……那样的女贼给演活了！那样的女人……优雅的举止……情深似海……
女同事：不会吧？咱们老板也有偶像呢，你看他着迷的样儿！
小　西：原来他喜欢那样的……

（甄家客厅）

小西：啊！你又抽风啊？
小东：唉，我刚剃了个光头，他就留了这么一个傻乎乎的发型！……你说我到底该怎么办呢？

（小西公司，经理办公室）

小西：您看，您看我手指的地方……
经理：美，真美！……这幅作品真美，把摄影师给我约来！
小西：啊……好的。猪蹄儿就是猪蹄儿，永远不会成为偶像……

8 盗亦有道

（小东的房间，小东和朋友们在为饭馆起名字）

小东：怎么着？
大伟：舍我其谁！
二子：无出其右！
阿包：良天下我有！
小东：噢，I 服了 YOU 们，连个饭馆儿的名字都想不好，以后怎么办大事啊！
小东：吃了又吃！
三人：啥？
小东：饭馆儿名字：吃了又吃！
三人：同意！同意！
小东：好。
小东：我宣布："吃了又吃"饭馆儿，不日，即将开业！

（饭馆）

小西：哥，你真要开饭馆儿啊！
小东：对，这几天我一直在研究关于经营方面的问题，总结出一条结论：细节是决定成败的关键。
小北：亲爱的，你好专业啊！
小西：恭喜恭喜，您已经半条腿跨进了企业界，半截身子成为了企业精英！
南瓜：甄总经理，以后我们指着您发财！

119

小东：喂，我是甄总经理,你说,我知道……
小北：哎,他现在实在是太忙了,连一顿饭都不能好好吃完。有句古诗咋说来着？
小北：啊,悔教夫婿觅封候!
小西：夫婿？
小北：嘿嘿,准夫婿。以后,我不就是总经理夫人？
小东：小声儿点儿。
小东：喂,我是甄总。是吗？好好好,明天我派人去取。
小东：名片印出来了,我甄东的社交生活,从此有了质的飞跃!

（胡同里,晚上,小东回家路上）
小　东：全都不是什么好玩意儿!
盲流甲：咦？他在骂人？
小　东：这帮王八蛋八百年不搭理我,一见面伸手就借两万？不借,有也不借!
盲流甲：唉？他有两万!!
小　东：我开张,名流抢着来捧场！魏麻子,谁稀罕你,滚!
盲流甲：咦？他到家了?!
盲流甲：董事长？运营总监？总经理？咦,挺牛呀!？

（甄家院子）
小　西：进来,门没锁。
小　北：快帮我挑挑,哪顶帽子好看？
小　西：哦,我晕,今天是什么日子啊？
小　北：今天是"吃了又吃"开张大喜啊！像那种高档的社交场合,怎么可以失礼呢？
小　西：现在你的脸上写着两个字……
小　北：漂亮!
小　西：恶心。
小　北：哼,没劲!
小　西：小样儿!
小　西：又是谁呀!……有事吗？
盲流乙：打,打,打……
小　西：打劫？
盲流乙：打听一下……
盲流甲："吃了又吃"饭馆儿怎么走？
小　西：西面路口,往右拐。……挺神啊。

（"吃了又吃"饭馆儿门口）
老马：恭喜啊,你儿子都当总经理了!

老东：南瓜也好啊,项目经理!
小东：以后小店还要靠大家多帮忙啊。
南瓜：没问题,今儿钞票都带足足的,不花完不回家!
老西：那快请进吧。

（"吃了又吃"饭馆儿里面）
小　东：今儿小店开张,大伙儿别客气。吃好喝好,喝好吃好哦。来来来,今儿大家要喝个痛快。
盲流乙：都,都,都,不许动!
盲流乙：打,打,打,……
老　西：打劫？
盲流甲：打听一下,找几个人！念到名字的上前来一下。靓彩形象设计艺术总监,王菲菲!
王菲菲：到。
王菲菲：你想干吗？
盲流甲：钱包!
王菲菲：啥?! 我？
盲流甲：王总监,就这么点儿？
王菲菲：我一开发廊的,自己剪头,手底下还得养俩洗头妹,生意难做啊!
盲流甲：东西物流公司总经理,刘棒棒。
老　刘：对不起啊,我一收废品的,还得供孩子念书。
盲流甲：得,下一个。
盲流甲：东西胡同人力资源部主管,李小姿。
李大妈：我居委会的,退休了,没钱!!
盲流乙：呵呵！还挺凶!你吃饭不带钱,想蹭饭呀!
李大妈：我……我……,我忘带钱包了,这回给我记在账上啊。
盲流甲：马南瓜,三千里皮鞋厂销售中心项目经理!
盲流甲：这家伙肥实,看来有戏。
南　瓜：拿去买包烟,弟兄们辛苦了。
盲流乙：大哥,这点儿钱还没我们拣垃圾一天赚得多。
盲流甲：算了,算我们倒霉。走吧。
盲流乙：我还以为他们都是社会名流呢。呸!
盲流甲：老二,把钱给他们留下,小生意,都不容易。
盲流乙：哦。下回别把名片印得那么吓人！招贼!

脚 本
Script

(甄家院子)

小西：哥，你怎么又歇上了？真的不干了？

小东：你以为总经理好当吗？有人打劫咋办？有人蹭饭咋办？还是无官一身轻啊！

种菜记

(甄家客厅，一家人准备吃饭)

老东：生的，洗了吗？

小东：没事，大菌吃小菌。

小西：不干不净，吃了没病！

老东：这……有毒！

老西：毒毒毒，吃什么没毒？人家买的是绿色蔬菜，回来洗了大半天，你一句话就说成有毒。

老东：先听我说完啊，谁还想吃，我不再阻拦！据研究，农药是餐桌上的隐形杀手。吃了残留有农药的东西，要是吃得不多，不会有明显症状，但有头痛、头昏、无力、恶心、精神差等表现；当农药污染较重时，你们会很不舒服，浑身没劲儿、呕吐、腹泻、心慌等情况。更严重的，全身抽搐、昏迷、心力衰竭，然后就升天了。

老西：啊，老头子，那我们今后吃啥啊？总不能光吃肉。

小东：这是生死大事，可不能打马虎眼儿啊。

老西：这有什么办法啊，我这个总厨没法当了，我要辞职。

老东：老婆子，工作中不要有畏难情绪嘛。这事一定有办法的。……有了！自己动手，丰衣足食！自己种菜，无毒无害！

(小西的房间)

小东：哈哈，我就要成种菜专家了。

小西：这话你还没资格说。当年你植物课考试及格了吗？植物生长所需六大要素是什么呀？

小东：你啰唆什么呀？书呆子！

小西：哼，就你这文化科学水平，你要是能种成一棵菜，我出一百块买了！

小东：我还不卖呢，留着开巡回展览！老妹，你这书借我看会儿行不？

小西：书就该跟书呆子呆一块儿。再说你看得懂吗？

(甄家院子)

老西：其实种菜一点儿也不难，就跟学做饭一样。把地挖好，把种子撒下，再浇水施肥就行了。

老东：出于品种齐全跟持续供应的考虑，我们一人种一种菜。

老西：万一你们谁要是没有收成……

小东小西**(齐声)**：不可能！

老东：好好，难得你们这么有信心！

老西：那我宣布，八仙过海，各显神通，甄家种菜活动，正式开始！

南瓜：小西，你们干吗呢？

小西：嘿嘿，这是我们的神秘花园。

(小西的房间)

小西：老妈！

老西**(进来)**：干吗？

小西：你看见我的植物书了吗？

老西：刚才小东进来过。

(老东家院子)

小西：啊！菜籽发芽了。

小东：你哪儿有我发得多啊！

小东：你们笑什么？

小西：嘿嘿，老哥，你能不能告诉我，哪儿是菜芽，哪儿野草啊？

(动物园熊猫馆)

小东：小北，北北，我请你吃真正的无毒无害无污染蔬菜。

小北：上哪儿吃啊？

小东：我亲自为你种了一院子的菜。

小北：啊，你种菜？

小东：哈哈，我也想不到自己能这么勤劳，这么有情趣！

(甄家院子)

小东：老妈，这，这？昨儿晚上还好好的。怎么就长虫子了呢？书上明明说浇水施肥就成啊。

小东：老妹，你干的吧？

小西：防虫害，是我重点学习的章节。

121

小北：赶紧喷药吧。
老西：喷药？那不就成了从菜市场上买的普通蔬菜了吗？
小西：老哥，就剩一个礼拜了，你就认输了吧。
小东：为什么？
小西：把你的虫子们都看管好，别让它们溜过界，(摆弄着镊子)要不，见一个灭一个。
小东：哼，看谁笑到最后。

老西(赶麻雀)：贼啊，滚，滚。完了，啥也没剩。

(甄家客厅)
老东：我们的种菜事业遭到了前所未有的重创，血本无归啊！
老东：估计这批害鸟是当年灭"四害"时流亡的麻雀后裔。我们只好改变战略了，经我跟你妈的连夜研究，我们决定，种辣椒跟大蒜，麻雀打死也不吃的东西。
老西：比赛暂时取消了。我们一家要团结奋斗，争取早日种出像样的蔬菜。
老东：我就不信，小小的麻雀，小小的虫子就能把甄家难到。

(院子里)
南瓜：小西，小西，草怎么长这么快。你们家的神秘花园也不见长花呐。
小西：啊，你，你。

(甄家客厅)
老西：唉，这是三个月来，我们唯一的收成。
老东：天灾人祸，连绵不断啊！
小西：老妈，南瓜他妈说，用淘米水把青菜泡泡就能把农药去掉。
小东：老爸，老妈，别灰心。以后买菜，专挑有虫眼儿的，新鲜无毒！
老西：你当你是皇上，那菜虫子就是替你验毒药的太监啊！
老东：都是法子！总比咱们种菜强。
小东：时间到了，开吃吧！

10 三个足球寡妇

(深夜,甄家客厅,老东和小东准备看电视)
老东：嘿嘿，你小子，罕见地准时啊！
小东：上了俩儿振动闹钟，差点儿以为是地震了。
老东：赶紧的。坐好，快开始了！

(深夜,老东老西的卧室)
老西：老头子？

(深夜,甄家客厅)
老东和小东：进了！进了！
老西：啊？！

(白天,甄家客厅)
老西：打死我也想不明白，大老爷们满场互相追，就为一破球。累不累啊？一人发一个不就完了？
小北：不就是场足球比赛吗？二十二个需要休息的人在场上拼命跑，四万个需要运动的人却坐在那儿看。愚蠢！
小西：他们几个已经变成了两个组成部分：雄性荷尔蒙和啤酒泡沫，嘴里只会发出几个有限的简单词语："进了，哎呦，可惜，倒是踢啊"，还有若干个没有经过排污处理的脏话。
老西：白天没个人样儿，跟抽了大烟似的，半夜看球儿，叫得跟鬼似的。
小西：居然敢推掉我的约会！
小北：就连我的美貌都让他视而不见了！
老西：死老头子，前两年还是个球盲，自从被小东拉下水以后，烧得比谁都厉害了！
小西：哼！老虎不发威就当我是病猫。
小北：让他们瞧瞧我们的厉害！

(白天,小北家客厅)
小东：熊包，你倒是传啊！传啊！服死你啦，带着带着把球给带跑了。……北北，你说这些人脑子是不是给换成猪的了？
小北：喂！
小东：啊？
小北：没发现我有什么变化吗？

122

脚本 Script

小东：嗯。
小北：你眼里到底有没有我？
小东：有！哇！漂亮！！
小北：谢谢。
小东：你看你看，这一脚踢得那叫一个有谱儿啊！

（白天，南瓜家）

小西（进来）：南瓜！
南瓜：哦，你来了，坐。
南瓜：哎！7号?！哎，哪儿来的？
小西：这是我新男朋友送给我的礼物。
南瓜：啊?！他是球星，还是球协的？让他也给我弄一套。
小西：听清楚了，我有新男朋友啦！
南瓜：他能不能搞到贝克汉姆的签名？

（白天，甄家客厅）

老西：我都拿走了啊。
老东：别挡着啊！走开走开！……好！……传！传！

（白天，甄家厨房）

老东：啊？哎呦，吃独食哪！
老西：真香啊！
老东：还自个儿加餐啊！独食难肥，给我来点儿。
老西：不成！贵着呢，我花了几百大元。
老东：什么?！你抢银行了？
老西：别人给的钱。
老东：谁给的？哪儿有这么好的事儿？
老西：一傻老头儿，这钱他不要了，我就拿了。
老东：嘿嘿。世界上最可爱的老头是谁？赶紧介绍我认识认识。……啊？这、这、这、这……我的钱呐——！
老西：看你以后还看球不？这算是我的精神损失费，谁叫你当我透明啊！
老东：不看了，我发誓，再看球，就把我的零用钱充公！……从这场球赛以后开始！

（夜晚，甄家客厅）

小西：我想通啦！球赛期间，这帮人智力跌到零以下，不能用平时的标准去要求他们。
老西：嗯，有个嗜好也好，比抠门儿强。
小北：看他一会儿气成猪肝脸，一会儿笑得见牙不见眼，根本不想讨好我，这才像真正的小东。

小西：就是，咱也发挥发挥大将风范啊。

（门开了，三个男人走进门来。）

老东：老婆子，赶紧弄点儿吃的，我们都饿得前胸贴后背了！
老西：哎！好！
小东：哎呦，北北！我找了你好几圈儿，没想到你在这儿！吓死我了。
小北：你嗓子怎么了？
老东：看球的时候把嗓子喊劈了。
小东：嘿嘿，为了球赛，两天后我又是一条好汉！
南瓜：嘿嘿，贝克汉姆的签名！酷吧！
老西：来，吃夜宵，银耳炖梨，给你们下下火，润润嗓子。
老东：老婆子，厨艺真是越来越精道啊！
老西：哼，球赛是你们的，厨房是我们的！
三人：好！

（白天，动物园）

同事：哎，小北，这个是你的新创意吗？
小北：嗯？
同事：你带个哨子干吗？
小北：小东在足球比赛中受了伤。这是我给他的礼物。
同事：小东会踢足球？没听说过。真了不起！
小北：他看比赛时喊破了嗓子。有了它，想喊多大声就喊多大声！

（白天，小饭馆儿）

小西：帅毙了！
南瓜：嗯，谁？
小西：噢，太漂亮了！你看哪，女球迷的帽子！

（白天，甄家的厨房）

老西：嘿嘿，准是又进球了！

11 南瓜工作记

（饭馆儿，南瓜和小西在吃饭）

邻桌女青年：可真能吃啊！
邻桌青年：哎，哥们，我说，这两人儿绝对是一对吃货！

服务员：哎，你们，我们要下班了，要关门啦，谢谢，一共是50块！到底谁付账啊？
小　西：哼，给你！

（隔壁桌上）
女孩儿：看见了吗？多没面子啊！你可得多挣点儿钱，没钱，就别想请女朋友出来吃饭！真够窝囊的，没出息，吃货！
小　西：哼！
南　瓜：太糗了！请西西吃饭，还让西西掏钱，谁让我失业两个月了呢？为了有钱请西西吃饭，明天我就要去找工作！

（房地产咨询公司）
老板：今天工作忙不忙啊？
南瓜：不忙，不忙，老板。
老板：嗯？嗯，嗯。
同事：我挂了啊。我们下班了，一会儿见，拜拜！下班了，走了，胖子，拜拜！我们走了！
老板：你明天不用来了，不好意思。
南瓜：为什么？
老板：你根本就没有给公司干活，所以你才不忙，公司要你干吗？你还好意思问！

（南瓜的噩梦：荒原上）
南瓜：救命啊！
老板：给我站住！

（影视器材公司）
老　板：南瓜，今天忙不忙啊？
南　瓜：忙，特别忙。
女同事：回见了，您呐。
男同事：走了，南瓜！
老　板：明天就不用来了。
南　瓜：为什么？
老　板：你干活一点儿条理也没有，才会整天忙啊忙的，公司要你干吗？

（水暖公司）
老板：今天工作忙不忙啊？
南瓜：不……不……不忙……哦……不不不，这个……忙……忙……刚刚忙完了。
老板：你已经被开除了！
南瓜：为什么？
老板：你太没有责任心了！做完了就不能检查一下吗？做完了就不能帮助同事一下吗？公司要你干吗？

（瓷业公司）
老板：怎么样，今天工作忙不忙啊？
南瓜：我工作忙完了，也检查过了，正在帮同事的忙。
老板：哼！
南瓜：这么说合适吗？这么说合适吗？这么说合适吗？
老板：听好了，你已经被解雇了。
南瓜：为什么呀？
老板：你做事情没头没脑，为什么不能计划一下明天要做的事呢？你太爱出风头，同事会对你不满；你大包大揽，会导致同事偷懒。你这个没用的东西！

（南瓜的噩梦：悬崖上）
老板：受死吧！
南瓜：啊！

（药品销售公司）
经理：南瓜，今天忙吗？南瓜，你这是干什么呀？
南瓜：我不是被炒了吗？
经理：说什么呢，这是？你还挺会开玩笑的，居安思危呀。哦，对了，南瓜，明天开始你转正了！

12 老东学英语

（甄家院子）
老东：哎呦！
老西：老头子！
老东：你真是乌龟爬门槛——不跌不进啊。
老西：家里要来人啦，下个月就到。
老东：嗯？你三姨又要来了，上次折腾咱还不够，把家里能拎的都拎走，就差把房子拆了拉车上运走了。
老西：不是亲戚，是国际友人！

（甄家客厅）
老东：这是组织上交给咱的一项国际任务。虽然

　　　　时间不长,就三天,外交无小事,咱家大到国际时事,小到吃喝拉撒,一丝一毫也不能出差错。咱家要体现北京市民的优秀素质,待人处事不卑不亢,落落大方。
小　西:嗨,不就一英国老外住咱家三天,体验中国式家庭生活吗,干吗这么紧张?
老　东:老外来了打招呼,问咱家基本情况,咱怎么回答? 用英语!

（甄家厨房）
老　西:我跟刘主任说去,人家的话都听不懂,还体验个啥? 让别人完成这接待任务吧。
老　东:不还有一个月吗? 横竖我一直想学英语,奥运会好派上用场。
老　西:修起庙子和尚老,咱这把年纪了,别跟着年轻人瞎起哄啦。
老　东:见到老外张不开嘴,你不觉着心里堵了一大团猪毛?
老　西:小西那会儿学英语多苦啊! 天天捧着书本背,到现在,还不是唐僧害嘴,没咒念了。
老　东:你打算一辈子就这么完了? 咱们还不到70岁呐!
老　西:你还能干啥? 做生意? 没本钱。干体力活? 老了吃不消。
老　东:有的人活着,她已经快死了;有的人老了,他还年轻着。
老　西:说谁呐?
老　东:我就要当那个老不死还年轻的。

（甄家老东老西卧室）
老　西:这老头子,真铆上劲儿了。

（甄家院子）
小　东:谁啊? 大早上扰民。老爸!
老　东:哎呦! 年轻人,不要辜负了大好时光啊,早起的鸟儿才有虫子吃。
小　西:啊,虫子在哪儿啊?
老　西:你爸吃得正香呢!
老　东:我的英语听力有很大的进步嘛,基本上能听懂它说的是什么了。
广播声:各位听众,法语新闻现在结束。
小　东:哈哈,老爸,广播里说啥,我们都听懂了。
小　西:老爸,你别灰心啊,至少您老吃到了一条法国虫子。
老　东:不管怎么着,咱算是迈出了一大步。

（街心公园）
老　东:（读书）爸死(bus),爷死(yes),哥死(girls),妹死(miss)。
路上妇女:你瞧,老爷爷这么大年纪了,也在学习外语呢,你也跟老爷爷学学。
男孩儿:老爷爷,请您帮我捡一下。
男孩儿:（拿起老东的书）妈妈!
妇　女:〔看书,书上写着:bus(爸死) yes(爷死) girls(哥死) miss(妹死),school(死光)〕
妇　女:哦! 天哪,这太恐怖了!
老　东:怎么了?
妇　女:对不起,打搅您了。
老　东:死光(school)!
母　子:啊!

（老东老西卧室,老东在做梦）
外国顾客:How does lobster sound?
老　东:来点儿龙虾你觉得怎么样?
老　西:我想吃牛肉。
老　东:That sounds fine, but actually, I'd like to try one of their meat dishes.
外国顾客:Then, how about the filet?
老　东:人家说了,可以点牛排。Why not?
外国顾客:Well, one of their specialties is emerald-jade beef croquettes.
老　西:他说啥? 说啥?
老　东:他们的拿手好菜是翡翠牛肉丸,I think I'd like to try that.
老　西:老头子,真行啊!
老　东:Thank you。

（甄家餐厅）
老　西:干吗你? 脸儿抽筋啦? 打盹开眼睛就开始笑。
老　东:一旦你学会了用英语做梦,就标志你的英语水平有了重大突破。
小　西:老爸,您梦见啥了?
老　东:我跟老外用英语对话啊,那个流利劲儿,让你妈在一边看得眼睛发直。
小　东:老爸,你确信自己说的不是法语吧?
老　东:我还记得一清二楚呢。第一句我不记得了,说得特溜儿!
老　西:那第二句呢?
老　东:什么that什么you?

125

老西:第三句呢?
老东:最后我说"三克油"(thank you)。
老西:嗨,不就是"三克油"嘛,谢谢!就这水平,我怎么可能两眼发直呢。
小东:老妈,咱们对老爸的积极性打击得有点儿过了吧?
老西:我这不是给他上激将法吗?眼看下星期那老外就要上咱家来了,我也不指望你们两个上班的了,全指望你老爸呢。

(甄家门口)

居委会大妈:来啦!来啦!老西啊,这就是我跟你们说过的英国朋友。
老　　东:Hey! How do you do! Welcome, welcome!
魏　特　茂:你们好!我姓魏。
老　　东:魏什么?
魏　特　茂:为什么?姓魏还要为什么?
居委会大妈:他叫魏特茂,这是老东!这是老西!
魏　特　茂:打搅你们了,请多多关照!

(甄家室内)

老　　西:请!这是我儿子房间,我儿子房间让给你住,他睡客厅。这是我女儿房间。
老　　东:一个老外,汉语居然说得这么溜儿。
魏特茂:谢谢!您过奖了。

(甄家院子)

魏特茂:老东大叔,早上好!
老　东:好!
魏特茂:老西大妈,老东大叔是不是不高兴?
老　西:嘿嘿,他郁闷死了。为了你,他学了一个月的英语,以为能派上用场,跟你能用英语对话。没想到,你的汉语比他英语强多了。
魏特茂:哦!

(街心公园)

魏　特　茂:Excuse me, May I have a seat?
老　　东:Sure!
魏　特　茂:Emu, The view is really something.
老　　东:They cost a lot to keep up, though.
魏　特　茂:Oh really?
老　　东:Yes!

13 小学同学聚会

(甄家)

小东(打开请柬):城府路小学90届六年三班聚会定于10月5号晚上7点在有朋座大酒楼举行,敬请光临。我的小学同学,恐怕有100年没见过啦!

(学校操场)

小东:嘿,哪个班的?交保护费。
小满:啊……三班的……
小东:啊?跟我一个班的……那也得交。
小满:交多少啊?
小东:交你零用钱的一半。
小东:别,别,别,你别哭啊……你们女生真麻烦。
小满:我没有零用钱,今天出门的时候,爸爸忘记给我了。要不我明天再给你啊。
小东:算了,怪麻烦的。那就不用交了。
小满:等等我……你真好,以后我们一起玩儿吧,我叫小满。
小东:我叫小东,以后你就是我的跟班儿了,我免费保护你。
小满:我们走吧。

(学校)

摄影师:大家向中心靠一下,啊!甄东,不要动,早怀疑你有多动症了。嘿嘿,王老师,您再笑一笑。好,准备。(小满伸出手在小东头上做了个"V"的手势。)
众师生:茄子!
小　东:(看着照片)小满,都是你,闹得我留下这么一个傻样儿。

(甄家客厅)

老西:儿子,你又要去相亲?
小东:啊,没,没,只不过是同学聚会。
老西:我懂,我懂,不用解释。
小东:你到底懂什么呀!

(甄家院子)

老西:小东八成又要见哪个女孩儿去了,正在换衣服呢。

老东：他又说自己要去参加同学聚会嘛。

老西：啊……

老东：这么大了还害羞，哄谁呀？现在哪个同学一天到晚有时间跟他聚会呀。现在的年轻人哪，忙着呢。

老西：也不知道他这次成不成啊。哎呦，我急着抱孙子哪。我老觉着这一次小东他一准儿成。

老东：真的？

老西：女人的直觉不会错。

老东：哼，少来了，上次买奖券你也这么说，害得我买了100块钱的……得，肉包子打狗。

老西：唉，一报还一报，心诚则灵。你不想咱们早点儿抱上孙子吗？

老东：你这不废话嘛？

老东：小东，小东，嘿嘿，打个的去啊，别寒碜人家。

老西：对，打个夏利花不了多少钱。

小东：干嘛呀，说了不是相亲嘛。

老东、老西：这孩子，小东啊，慢点儿……嘿，莽莽撞撞的。

（有朋座大酒楼）

众　人：来来，喝，来，喝，好久不见了，（看见小东）这谁啊，这是……

一　男：嘿，那不是一米三八吗？呦，他把小时候的校服都穿来了。

众　人：哈哈哈，瞧他那个样儿啊。

小　东：小满，小满，你真美……（握住女孩儿的手）

女孩儿：你好帅啊，你现在还好吗？

小　东：啊，我，我特别忙，忙着接见一些大公司的老总，告诉他们应该怎么去投资。真是，我……我……

女孩儿：哇，你好酷哇。

小　东：小满，这么多年了我一直没有忘记你，你（跪下来）……嫁给我好吗？

女孩儿：（从小东身边走过去）王老师，您身体最近好吗？我们全班同学都好想你呀！

众　人：是啊。

王老师：好，好，哈哈……

小　东：本来想给大家表演一个劈叉的，可是没练好，对不起。

另一个女孩儿：小东，我在这里哪！

小　东：啊！小满……小满，你、你，你好啊！

小　满：想不到这么多年了你没忘了我！

14 家里来了小强

（甄家客厅，小东抱了一只狗进来）

小　东：嘘，来，来。

老　东：什么东西啊？

老　东：啊？你妈有厌狗症。

小　东：这是我请的财神爷！名贵德国种，有钱还买不到呢。

老　东：哪儿弄的？

小　东：天桥弄的，才花了二百元。放心，是真的，转手了肯定赚得回来。

老　西：是小东回来了吗？

老　西：嘿，今咋了爷俩？

老　西：还没吃饱就撑着啦？

小　东：站住！别动！

小　东：我忽然发现老妈越来越年轻了！

老　西：真的？

老　东：对，对，每天早晨一起床就发现你妈大一圈儿！

老　西：什么？

老　东：啊，你眼睛就大一圈。

老　西：哎呦，咦，我照照看。

（甄家客厅）

老东：下这么大的雨，小西怎么还不回来啊？

小西：啊！救我啊！

小西：妈呀，饥寒交迫！

老西：快脱衣服吃饭。

小西：啊——！我房里有老鼠！……呀……

小东：你脑积水啊！哪来的老鼠，这是小狗。

（甄家客厅）

小西：老哥啊，你脑积水了吧？什么家里生意失败，什么忍痛卖掉爱犬抵债。那家伙肯定是骗子。

老西：爱犬？就这个小东西也算爱犬？耗子它哥还差不多。

小东：你！种族歧视？打倒！

老西：猪！小心，我吃了你！

老东：呵呵呵，这只狗倒是蛮通人性的。

小东:它没准儿真能卖个好价钱呢。
老东:就怕它弄破的东西比它的身价还高。
老东:真通人性啊!

(甄家客厅)
小东:小祖宗,你看,家里就数我对你还有点儿良心了,得,你也别报答我了,快点儿好啊!卖个好价钱。你好,我好,大家都好!

(老东老西卧室)
老西:这只狗是不是属鸡的,每天早上一到六点就叫。烦死了!明儿给它戴个口罩!
老西:起床了,遛狗去了!起床了。
老东:怎么今天又轮到我了?不是该你了吗?
老西:谁收留它,谁就该伺候它!

(甄家门口)
老马:老东,起这么早!哟,你家的小狗?不错啊,精神!轻伤不下火线啊。
老东:哪里,哪里。
老东:哼,美死你,有人伺候有人夸。就你精神,我已经连续三天睡眠没满8小时了,我要是为了让你舒服,自己被折寿,这账怎么算?你赔得起吗?

(甄家院子)
老马媳妇:你们家的狗该好好教育了,真是没有教养,一上来就咬我们家宝宝,咬得它直叫。
老　西:你们家宝宝也不是善茬儿,你就保证它没还击啊!
老马媳妇:宝宝是挠它了,可再怎么着它也是猫啊。
老　西:嗨!这不就结了,宝宝也动手了,这是猫狗之间的恩怨,我们就别跟着瞎掺和了。
老马媳妇:念在它是初犯,给予警告处分,下不为例。
老　西:这个小东西给我添乱。看不出你还是条汉子。

(甄家门口)
小东:您慢走。嘿,稳赚八百六。
老西:我的厨房安全了。

小西:耗子终于走了,哈哈。

(甄家客厅)
小　东:好了。老爸老妈明早上可以睡个大懒觉了。
老　东:好好补一觉,我每天少睡了一个半小时,六天,你们明儿中午再叫我起床。
小　西:呵呵呵,放心,家里的闹钟已经都被卸掉电池了!
大家齐声:晚安!

(甄家客厅,早上)
老东:这小狗一走我感觉不太适应啊!
老西:其实那小东西挺可爱的。
小西:可不是吗,比我哥强多了。
小东:有一份真挚的友谊我没有珍惜,到如今我追悔莫及,唉。

(忽然,门外响起小狗的叫声)
四人说:是它!
老　西:得,我收下这个孩子了。
老　东:缘分啊!
小　西:那就留下它吧。我负责它的素质教育。
老　东:我同意。
小　东:我也同意。
老　西:可以,要是它再惹事,你们就替它受罚。
三　人:没问题!
小　西:小——强。
小　西:以后你叫小强喽。
四人说:多可爱的小东西啊。
小东、小西:老妈,你怎么了?
老　东:老婆子,你不能扔下我啊!

15 临时奶爸

(马路边,小北和小东看见一个孕妇)
小北:多幸福的妈妈!
小东:北北,以后你大肚子的模样准比名模还漂亮。
小北:真的吗?五年以后我一准儿展示给世人看。

128

脚 本
Script

小东：五年？北北，听说高龄产妇生残次品的几率会大大提高啊。还是趁早吧。

小北：你说得轻松，你以为女人很轻松啊，光是工作就让我喘不过气来，生个孩子谁带啊？

小东：交给我！养孩子，小菜一碟儿。

小北：你甭生在糖窝里说黄连甜，你没少费你爸妈的心血，要不哪儿有你今天！

小东：北北，你是没有完全了解我。我甄东，不费吹灰之力就长成一有为青年。不小心就变成风流倜傥玉树临风的大帅哥，所以你要相信我能带好小孩儿。

小北：打死我也不信！

（甄家厨房）

小东：老妈，回忆一下我小时候吧。

老西：啊，你小时候吧，那会儿我怀疑自己是不是生了个狼犊子，特别是吃奶的时候，好像和全世界有仇一样。

小东：就没有一点儿懂事听话的时候？

老西：瞅见没，铁证如山！你的牙印，就晚了半小时给你喂奶。

小东：那是小时候嘛，再说谁让你迟到的。

老西：看来你是皮痒痒了！

小东：救命啊。

（甄家院子）

小东：老爸，我小时候咋样？

老东：你呀，一句话，要是那会儿能验DNA，我就抱着你去检验了，实在不像是我的后代。我这么善良的人，唉，不说了。你去咱胡同问问去。哪儿有吃的哪儿就有你，连你妹手里的你都不放过。

小西：害得我养成一有零食就拼命吃光的习惯，结果胖成现在这样子。

老东：听听，受害人至今还气愤哪。

（小东卧室）

小东：北北，你是不知道啊，只要我提起我小时候，群众的反应那是相当强烈啊。难道我小时候真是个恶魔？

小北：如果孩子和你小时候一样，那你还有信心养吗？

小东：嘿嘿，这点我从不怀疑，因为我已经由童年魔王转变到空前绝后好父亲啦。

小北：好，这话我记住了。

（甄家客厅）

小东：老妹，现在的女孩儿怎么都不爱养孩子啊？

小西：啊？谁说的。

小东：我前天试探小北来着，她居然怀疑我当父亲的资格，说我养不好孩子。

小西：想听听我的心里话吗？

小东：快说。

小西：你看看，咱俩谁吃得多？你给我剩过吗？

小东：我没听错吧？哪儿来的小孩儿在哭？

小西：好，好像是你屋里的。

（小东卧室）

小东：照顾我一天！

小北：小东。

小东：北北！

小北：这是我姐们儿的孩子，帮忙带下，两小时喂一次奶。

小东：我带？

小北：怎么了？你不是空前绝后的好父亲吗？算了，一点儿都经不起考验。把孩子给我，我自己带。

小东：别，别，别！我带，我带，一点儿问题都没有。宝宝乖，宝宝不哭。

小北：瓜瓜乖，瓜瓜最听话。

小东：瓜瓜不哭，来，叔叔亲下。

小北：俺老孙来也！

小东：嘿，不哭了！

小北：记住了，想让他不哭，得来这么一句。下午我还要上班，瓜瓜就交给你啦。

小东：我一定完成任务。

（甄家客厅）

小东：俺老孙来也！俺老孙来也！哎呦，这口令还带有效期的？小祖宗啊，给个面子成不成，你就喝一口吧！不哭了，哈哈。

小西：赶紧喂奶。

小东：这哭声差点儿把咱家屋顶掀翻。

小西：你得带她出去遛遛。在屋里憋一天不难受啊。

小东：得，出去放风！顺便把小强一起遛遛。

小西：你遛狗还是遛孩子？

小东：两个一起遛，哈哈。

（街上）

女孩儿甲：哇，这年头，这么有爱心的男孩儿少见

女孩儿乙：可惜他当爸爸了。
小　　东：我还没当爸爸哪。这是人家的孩子。
女　孩　甲：你是保姆？
小　　东：我只是临时保姆。你们刚才说我什么？像我这么有爱心的男孩儿是快绝种了。告诉你们一个小秘密，我还没结婚呢。
女　孩　儿：我可没问你这个。
小　　东：我是怕你们误会。其实我特能照顾人，不管是孩子还是大人，这好像是我的天赋。
小　　东：只要我喊一声：俺老孙来也，他立马不哭了，非但不哭，小嘴一咧，还冲我笑呢。别人喊都不灵的，只有我喊才有用，嘿嘿。(电话铃响)你好！哪位？
小　　北：该喂奶啦！
小　　东：是，是，我这就喂。
小　　东：啊！瓜瓜，瓜瓜你在哪儿啊？瓜瓜，瓜瓜。
女孩儿甲：好端端的怎么就不见了呢？
女孩儿乙：奇怪了，就这么一会儿功夫。
小　　北：什么？喂，喂，孩子怎么了？
女孩儿甲：喂，请问你是孩子的母亲吗？
大　　妈：请问这是你们家的孩子吗？
女孩儿乙：啊！找到了！
大　　妈：以后注意点儿。

女孩儿甲：没事儿，孩子找到了，别担心。
小　　北：什么？你是哪位？
女孩儿甲：我叫晓芸，是小东的朋友，刚认识的。
小　　东：瓜瓜，你在哪里？
男　　人：干吗？
小　　东：这是您孩子吗？
男　　人：废话，不是我孩子还是你孩子啊。
小　　东：对不起，误会，误会。怎么全世界的小孩儿都长一个样儿啊。俺老孙来也！
男　　人：吓着我女儿，信不信我打你。他爬出去了，被大妈拣着了。
女孩儿甲：他不会不回来吧？
女孩儿乙：肯定会回来的，等等吧。保姆回来啦。
女孩儿甲：宝宝找到啦。

（甄家门口）

大姐：想我了吧，宝贝！辛苦你了，小东！
小东：嘿嘿，不辛苦，瓜瓜可乖啦！
大姐：我先回去了，改天请你们吃饭，拜拜！
小北：小东，进来，我有话说。
小西：老哥我先闪了，保重啊！

（甄家院子）

小北：俺老孙来也。
小东：哎呦。
小西：老哥你保重啊！谁让你又花心又粗心。

生词表(英/日/韩/俄)

Vocabulary List (English / Japanese / Korean / Russian)

A						
爱婿	4	àixū	son-in-law	娘婿	사위. 남편.	муж дочери
安排	2	ānpái	arrange; fix up	手配する	배치하다. 배분하다.	планировать
按摩椅	1	ànmóyǐ	massage chair	マッサージ椅子	자동안마의자.	массажное кресло
B						
把关	7	bǎ guān	check on; ensure against mistakes	きびしくチェックする	관문을 지키다.	охранять
掰嗤	4	bāichi	discuss	話す	말하다. 분석하나.	обсуждать
帮	8	bāng	band; clique; gang	群れ	무리. 집단.	банда
帮手	2	bāngshou	helper	手助けする人	도우미. 조력자.	помощник
保证	5	bǎozhèng	guarantee	保証する	보증하다.	гарантировать
报答	14	bàodá	repay in kind; requite	報いる、応える	보답하다.	отплатить той же монетой; воздаст
背	1	bèi	do sth behind sb's back; hide truth from sb	人に隠れて事を行う	피하다. 속이다. 숨기다.	за спиной у кого-л, тайком
本钱	12	běnqian	capital	資本金	본전.	капитал
笨蛋	3	bèndàn	idiot; fool	ばか	바보.	дурак, болван
逼	3	bī	force; coerce	強制する	핍박하다. 죄다.	принудить
笔	1	bǐ	for sums of money; financial accounts	(金銭または金銭と関係のあるものについて用いる)	몫. 금전이나 그것과 관계있는데에 쓰임.	сч.сл. для денежных сумм
标兵	2	biāobīng	example; model	模範となる人	모범. 모델.	например, модель
表态	5	biǎo tài	make one's stand public	立場をはっきり示す	태도를 표명하다.	выразить свою точку зрения
补贴	4	bǔtiē	subsidy	補助する、助成する	(재정을)보조하다.	субсидия
不配	3	bú pèi	not worthy of	ふさわしくない、資格がない	어울리지 않다.	не достоин
不日	8	búrì	within the next few days; in a few days	近日	불일간. 며칠 안에. 머지않아.	в течение ближайших нескольких дней,

131

不卑不亢	12	bù bēi bú kàng	be neither too humble nor too proud	傲慢でもなく卑屈でもない	비굴하지도 거만하지도 않다. 언행이 의젓하다.	быть ни слишком скромным
布料	1	bùliào	cloth	生地、布地	천. 옷감.	ткань
布娃娃	3	bùwáwa	cloth doll	ぬいぐるみ	천으로 만든 인형.	кукла
C						
菜籽儿	9	càizǐr	vegetable seed	野菜の種	야채의 씨앗.	семена овощных культур
残次品	15	cáncìpǐn	defect	傷もの、二級品	흠이 있는 물건. 불량품.	дефект, брак
残留	9	cánliú	remain	残留する	남다. 잔류하다.	оставаться
惨	2	cǎn	miserable; pitiful; sad	ひどい；悲惨である	끔찍하다.	жалкий, печальный
仓库	6	cāngkù	warehouse	倉庫	창고.	склад
曾经	5	céngjīng	once; formerly	かつて	일찍이. 이전에.	прежде
蹭	8	cèng	obtain for free by begging or sponging; cadge; scrounge	(自分の金をつかわずに)他人にたかる	공짜로 얻다.	получить бесплатно
掺和	14	chānhuo	blend; mix	混ぜ合わせる	참견하다. 관계에 끼어들다.	смешать
钞票	6	chāopiào	paper money; money bill; bank note	紙幣	지폐.	денежные счета; банкноты
炒	11	chǎo	fire (an employee)	解雇する	해고하다.	уволить работника от должности
称心	3	chèn xīn	to one's satisfaction	意にかなう、思い通りになる	마음에 들다.	подходить, соответствовать
撑	5	chēng	overfill	(詰め込んで)いっぱいになる	꽉 채우다. 팽팽해지다. 지탱하다.견디다.	переполнять
诚心	1	chéngxīn	sincere and earnest	誠実である	성실하다. 진지하다.	искренний, серьезно
吃不消	12	chī bu xiāo	be unable to persist	閉口する、やりきれない	견딜 수 없다. 지탱할 수 없다.	не в состоянии вынести, нет мочи
吃喝拉撒	12	chī hē lā sā	take care of daily needs (eat, drink, go to the bathroom)	食べる、飲む、排泄する；日常の基本的な動作	먹고 싸다.아무 일도 하지 않다.	заботиться о повседневных нуждах
吃货	11	chīhuò	somebody who only eats and does nothing; good-for-nothing	食べるだけで何もしない人	식충이. 밥벌레.	кто-то, кто только ест и не делает ничего; ни на что не годный
持续	9	chíxù	sustain	持続する	지속하다.	поддерживать
充公	10	chōng gōng	confiscate	(没収して)公有にする	몰수하여 공유화 또는 국유화하다.	конфисковать
虫眼儿	9	chóngyǎnr	small holes caused by worms	虫食い穴	(과일이나 나무의) 벌레먹은 구멍.	небольшие отверстия, вызываемыми гельминтами

崇拜	7	chóngbài	adore	崇拝する	숭배하다. 찬미하다.	обожать, преклоняться
抽搐	9	chōuchù	have twitching	痙攣する	(근육이)실룩거리다.	судорога
抽风	5	chōu fēng	go crazy	常識を逸する	정상을 벗어난 행동을 하다.	сходить с ума
抽筋	12	chōu jīn	cramp	けいれんする	경련이 일어나다. 쥐가 나다.	судорога
瞅	9	chǒu	look at	見る	보다.	посмотреть
出厂价	6	chūchǎngjià	factory price	生産者価格	출고가격.	фабричная цена
出风头	11	chū fēngtou	seek the limelight	でしゃばる	자기를 내세우다. 주제 넘게 나서다.	выставлять себя на показ
辞职	9	cí zhí	resign	辞職する	사직하다.	уходить в отставку,
伺候	14	cìhou	serve	仕える	돌보다. 거들어주다.	служить
D						
搭理	8	dāli	respond	相手にする	상대하다. 말대꾸하다. 응대하다.	ответ (в отрицательном предложении)
打劫	8	dǎjié	rob; stage a hold up	強奪する	재물을 약탈하다.	грабеж
打折	1	dǎ zhé	discount	割り引く	할인.	скидка, снижать
大包大揽	11	dà bāo dà lǎn	take on all aspects of a job by oneself	すべてを一気に引き受ける	모든 일을 도맡다. 모든 책임을 떠맡다.	взять на себя все аспекты работы
大餐	1	dàcān	sumptuous meal; Western cuisine	豪華な食事	성찬.	роскошный обед
大将	10	dàjiàng	general; high-ranking officer; key player	将軍、大将	대장. 고위급 장성.	высокопоставленный офицер
大蒜	9	dàsuàn	garlic	ニンニク	마늘.	чеснок
大烟	10	dàyān	opium	アヘン	아편.	опиум
低调	5	dīdiào	low-keyed	控えめである	저조하다. 무기력하다.	низкий
抵债	14	dǐ zhài	pay a debt in kind or by way of labor	(物品や労役で)債務を補う	채무를 다른 물건이나 노동력으로 상환하다.	уплата долга в виде труда
调动	2	diàodòng	bring into play; mobilize; arouse	動員する、結集する	동원하다. 발휘하다.	приводить в действие
跌	10	diē	drop	落ちる	떨어지다.	падение
顶	1	dǐng	be too full	張りあがる	가득 차오르다. (배가) 부르다.	насытиться
丢人	2	diūrén	disgraceful	恥をかく	체면이 깎이다. 창피당하다.	терять престиж
斗争	3	dòuzhēng	struggle	闘争する、対立する	투쟁(하다).	борьба
毒	9	dú	poison	毒	독.	яд
堵	4	dǔ	block	ふさぐ、遮る	막히다.	загородить, закрыть.

端正	3	duānzhèng	regular; straight	端正である	단정하다.	корректность
E						
额头	5	étóu	forehead	おでこ	이마.	лоб
恶心	9	ěxin	feel sick	吐き気を催す	오심이 일어나다. 구역질이 나다.	тошнить
恶心	8	ěxīn	disgusting; nauseating	むかつく、嫌悪する	오심이 일어나다.구역질이 나다.혐오하다.	противный; тошнотворный
F						
发昏	5	fā hūn	feel giddy; feel dizzy	目まいがする	현기증이 나다. 멍청해지다.	головокружение
发芽	9	fā yá	sprout	芽を出す	발아하다. 싹이 트다.	росток
发廊	8	fàláng	barbershop and beauty parlor	ヘアサロン	이발소. 미용실.	салон красоты
发型	7	fàxíng	hairstyle	髪型	헤어 스타일.	прическа
翻跟头	5	fān gēntou	turn a somersault; somersault	とんぼ返りを打つ	공중 회전 하다. 공중 제비하다.	сальто
反对	3	fǎnduì	oppose; protest	反対する	반대하다.	против, протест
反面	7	fǎnmiàn	negative	マイナスの	이면. 다른 면. 부정적이거나 소극적인 측면.	отрицательный
放风	15	fàng fēng	let prisoners out for exercise or to relieve themselves	囚人を屋外に一定時間出して散歩させたり気分転換させる	(감옥에서 죄수들을) 바람쐬게 하다.	распространять слухи
放心	6	fàng xīn	set one's mind at ease	安心する	안심하다. 마음 놓다.	быть спокойным
飞跃	8	fēiyuè	leap forward	飛躍する	비약하다.	скачок
肥实	8	féishi	stout; fat	肉付きがよくてたくましい	뚱뚱하다. 살찐.	толстый, жирный
奋斗	9	fèndòu	struggle	奮闘する	분투하다. 투쟁하다.	борьба
份子钱	4	fènziqián	(wedding) money gift	祝儀	축의금의 분담금.	деньги в подарок (на свадьбу)
风吹日晒	6	fēng chuī rì shài	get a sunburn and/or windburn	風に吹かれ日に焼ける	바람에 맞고 햇볕에 쬐다.	стоять на ветру или под палящими лучами солнца
风范	10	fēngfàn	air; bearing	風格	풍모와 재능. 풍채와 도량. 패기.	стиль, манеры
风风光光	4	fēngfēng guāngguāng	grand	壮麗である	굉장하다. 훌륭하다.	торжественно
疯狂	7	fēngkuáng	mad; crazy	狂気じみている	미치다. 실성하다. 광분하다.	сумасшедший
风流倜傥	15	fēng liú tì tǎng	romantic and uninhibited	風流洒脱である	풍류가 있고 호방하다.	романтический

生词表
Vocabulary List

夫婿	8	fūxù	husband	夫	남편.	муж
服	6	fú	accept (facts or reality); submit to; abide by	従事する	따르다. 복종하다.	принять (факты или реальность); соблюдать, повиноваться
腹泻	9	fùxiè	have diarrhoea	下痢をする	설사하다.	понос
G						
干扰	6	gānrǎo	disturb	邪魔する	교란시키다. 방해하다.	беспокоить
赶紧	2	gǎnjǐn	lose no time; hasten	大急ぎで、できるだけ早く	서둘러. 급히.	не теряя времени, ускорить
隔壁	7	gébì	next door	隣家	이웃(집). 옆방.	по соседству
跟班	13	gēnbān	sidekick	助手	시종. 종자. 수행원.	сопровождающий
根源	3	gēnyuán	origin; root	根源、根本原因	근원.	происхождения, корень
跟踪	5	gēnzōng	track; trail	追跡する	바짝 뒤를 따르다.	отслеживать, следить
供	8	gōng	provide	供給する、与える	공급하다. 제공하다.	обеспечивать
功能	7	gōngnéng	function	機能	기능.	функция
估计	4	gūjì	guess; figure	見積もる	추측하다. 짐작하다.	оценивать, прикидывать
骨气	3	gǔqì	strength of character	気骨	기개.	сила характера
寡妇	10	guǎfu	widow	未亡人	과부. 미망인.	вдова
关键	3	guānjiàn	key; pivotal	肝心な	관건. 열쇠.	ключевую
灌	4	guàn	fill; pour	満たす	(액체를) 부어넣다.	заполнить; налить
冠军	5	guànjūn	champion	優勝	우승. 우승자.	чемпион
光头	7	guāngtóu	shaven head; bald head	坊主刈り	대머리. 맨머리.	бритая голова; лысый
鬼鬼祟祟	7	guǐguǐsuìsuì	stealthy; sneaky	こそこそする	남몰래 숨어서 못된 짓을 꾸미다.	обр. вороватый
过来人	4	guòlairén	someone with experience (in a particular situation)	経験のある人	경험자. 베테랑.	кто-то с опытом работы (в той или иной сфере)
过瘾	5	guò yǐn	enjoy oneself to the full	十分に満足する	만족하다. 충족하다 (시키다).	веселиться на полную
H						
寒碜	13	hánchen	ridicule; put to shame	恥をかかせること	망신시키다. 창피하게 하다.	Пристыдить
罕见	10	hǎnjiàn	rare; seldom seen	まれに見る	드물다. 드물게 보이다.	Редко
耗子	14	hàozi	rat	ネズミ	쥐.	крыса
合身	1	héshēn	fit well	(衣服が)体にぴったりだ、ちょうどよい	(의복이) 몸에 맞다.	впору, подходить (об одежде)
荷尔蒙	10	hé'ěrméng	hormone	ホルモン	호르몬.	гормон

哼哼	5	hengheng	sounds of continual groaning	うなる声を表す擬声語	흥흥(콧소리)	хмыкать, охать
横竖	12	héngshù	anyhow; anyway	どうせ、どのみち	어쨋든. 아무튼.	во всяком случае, так или иначе
后裔	9	hòuyì	descendant	後裔	후예. 자손.	потомок, наследник
花车	4	huāchē	wedding procession car	(お祝い・婚礼・貴賓の出迎えなどに用いる)花で飾りをつけた自動車	꽃차. 결혼식날 신부를 태우는 차.	автомобиль (свадебного кортежа)
滑头	7	huátóu	a man who is dishonest or sly	ずる賢い人	교활한 사람. 약빠리.	плут, хитрец
划破	2	huá pò	cut the surface of	(とがったもので)切る、傷をつくる	째다. 베다. 그어찢다.	разграничать
环	4	huán	hoop; ring	輪	고리.	петля, обруч, кольцо
患得患失	5	huàn dé huàn shī	worry about personal gains and losses	個人の損得にばかりこだわる	얻기 전에는 얻으려고 노심초사하고 얻은 뒤에는 잃을까봐 걱정하다.	позаботиться о собственной прибыли и убытки
皇上	9	huángshang	emperor	皇帝	황제에 대한 칭호.	император
恢复	2	huīfù	recover	回復する	회복하다.	восстанавливать
灰心	9	huīxīn	discouraged	がっかりする	낙심하다. 의기소침하다.	обескураженный
回头	1	huítóu	later; some other time	後で、しばらくして	잠시 후에. 이따가.	позже, в другой раз
婚礼	4	hūnlǐ	wedding ceremony	結婚式	혼례. 결혼식.	свадебная церемония
昏迷	9	hūnmí	be unconscious	意識不明になる	혼미하다.	помрачение сознания,
婚纱	1	hūnshā	wedding gown	ウエディングドレス	웨딩드레스.	свадебное платье
婚宴	4	hūnyàn	wedding banquet	結婚披露宴	결혼잔치. 피로연.	свадебный банкет
J						
基本	6	jīběn	basic	基本的な	기본적인.	основной
机会	3	jīhuì	opportunity	機会	기회.	возможность
几率	15	jīlǜ	probability	確率	확률.	вероятность
积极性	2	jījíxìng	zeal; enthusiasm; initiative	積極性	적극성.	рвение; инициатива
激将法	12	jījiàngfǎ	tactics of prodding somebody into action	刺激して行動を起こさせる方法	격분을 유도해 분발시키는 방법.	воодушевить
即将	8	jíjiāng	soon; be about to; be on the point of	まもなく～しようとしている	곧. 바로. 즉시.	скоро, вот-вот
季军	5	jìjūn	third place	三位	(운동 경기 등에서) 제 3위.	третье место

生词表
Vocabulary List

简直	7	jiǎnzhí	practically	まるで	완전히. 실로.	практически
见证	6	jiànzhèng	witness	（目撃者として）証明する	증언하다.	свидетель
奖券	13	jiǎngquàn	lottery ticket	宝くじの券	복권.	выигрышный билет
酱菜	1	jiàngcài	vegetables pickled in soy sauce	味噌または醤油漬けの野菜	장아찌.	овощи, маринованные в соевом соусе
交货	6	jiāo huò	make a delivery	納品する	물품을 인도하다. 납품하다.	доставка
浇水	9	jiāoshuǐ	water	水をまく	물을 뿌리다(끼얹다).	поливать
交易	6	jiāoyì	deal	取引	교역. 거래.	сделка, соглашение
街道	2	jiēdào	community	町内	한국의 통,반등과 같은 중국 도시 행정단위.	сообщество
阶级	2	jiējí	(social) class	階級	계급.	класс (социальный)
劫	6	jié	raid; rob	略奪する	강탈하다. 협박하다.	налет; ограбить
解放军	7	Jiěfàngjūn	The People's Liberation Army （PLA）	解放軍	중국인민해방군.	Народно Освободительная Армия Китая (НОАК)
解雇	11	jiěgù	fire	解雇する	해고하다.	поджигать, разжигать
戒指	4	jièzhi	(finger) ring	指輪	반지.	кольцо (на палец)
精道	10	jīngdào	perfect	完璧な	완벽하다.	совершенный
精英	8	jīngyīng	elite	エリート	걸출한 사람. 엘리트	элита
竞争	4	jìngzhēng	compete	競争する	경쟁(하다).	конкурировать
净赚	6	jìngzhuàn	net; clear	～の儲けになる	순이익. 순익.	прояснять, расчищать,
靓	8	liàng	beautiful; pretty	美しい	멋지다. 아름답다.	красиво,
镜片	6	jìngpiàn	eyeglass lens	レンズ	안경 렌즈.	стекла для очков, линзы
救护车	2	jiùhùchē	ambulance	救急車	구급차.	скорая помощь
居安思危	11	jū ān sī wēi	be prepared for danger in times of peace	平和なときも困難に備えて準備を怠らない	편안할 때 위기를 대비하다.	быть готовыми к опасности в мирное время
居然	10	jūrán	to one's surprise; go so far as to	意外にも、なんと	뜻밖에. 의외로. 확실히.	на самом деле, к своему удивлению
举办	5	jǔbàn	hold; run; conduct	開催する	거행하다. 개최하다.	проводить
举杯	8	jǔ bēi	raise one's glass (to propose a toast)	杯を挙げる	잔을 들다.	поднимать бокал (тост)
举止	7	jǔzhǐ	bearing; air	立ち居振る舞い	거동. 행동거지.	поведение, манеры
具备	6	jùbèi	have	備える	구비하다. 갖추다.	обладать
绝种	15	jué zhǒng	be a dying breed; become extinct	（ある種の生物が）絶滅する	멸종하다.	вымерли
菌	9	jūn	bacteria	菌	(세)균.	бактерии

			K			
开除	11	kāichú	dismiss	除名する	해고하다. 면직시키다.	увольнять
开机	7	kāi jī	start (a machine)	機械を動かす	기계를 작동시키다. 기계를 운전하다.	пуск
开锁	5	kāi suǒ	open a lock; unlock	鍵を開ける	자물쇠를 열다. 비결을 알아내다.	открыть замок; разблокировать
开业	8	kāi yè	start business	開業する	개업하다.	начать бизнес
开张	8	kāi zhāng	begin doing business; make a start; open a business	店開きする、開業する	개점하다. 개업하다.	начала ведения бизнеса
看不上	6	kàn bu shàng	treat sth with contempt	見くびる	마음에 들지 않다. 거들떠보지 않다.	относиться с презрением
可惜	2	kěxī	it's a pity	惜しい、残念である	아쉽다. 아깝다.	жаль
空前绝后	15	kōng qián jué hòu	unique	空前絶後	공전절후. 전무후무. 유일한.	уникальный
恐慌	9	kǒnghuāng	panic, fear	パニック	공황. 두려움.	паника, страх
恐怕	13	kǒngpà	(I'm) afraid (that)	おそらく	아마 … 일 것이다.	вероятно, пожалуй, бояться、
抠门儿	10	kōuménr	stingy;miserly	けちけちしている	인색하다.	скупой
款式	1	kuǎnshì	design; style	(家具、服装などの)デザイン	스타일. 디자인.	дизайн, стиль
亏本	1	kuī běn	lose money (in business); lose one's capital	元手を失う	밑지다.	потерять деньги (в бизнесе); терять капитал
			L			
拉拉队	5	lālāduì	cheerleaders	応援団	응원단.	болельщики
辣椒	9	làjiāo	hot pepper	トウガラシ	고추.	острый перец
唠叨	5	láodao	chatter; be garrulous	くどくど言う	되풀이하다. 잔소리하다.	быть болтливым
劳驾	4	láo jià	polite formula used when one makes a request	すみませんが	수고하셨습니다. 감사합니다. 죄송합니다.	будьте добры (любезны)
肋骨	5	lèigǔ	rib	肋骨	늑골. 갈비뼈.	ребро
连绵不断	9	lián mián bú duàn	incessantly	連綿と続く	끊이지 않고 계속되다.	беспрестанно
料	6	liào	makings; stuff	素質	재료. 원료.	материал.
零花钱	4	línghuāqián	pocket money	小遣い	용돈.	карманные деньги
零用钱	13	língyòngqián	pocket money	小遣い銭	용돈.	карманные деньги
溜	4	liū	sneak away	こっそり抜け出す	미끄러지다.	улизнуть
溜过界	9	liū guò jiè	sneak across the border	こっそりと境界を越える	슬그머니 경계를 넘다.	проникнуть через границу
流亡	9	liúwáng	go into exile	亡命する	유랑하다. 망명하다.	изгонять
溜	12	liù	fluent	流暢な	매끄럽다.	беглый

生词表
Vocabulary List

遛	14	liù	walk (an animal); take (an animal) for a walk	ゆっくり進む	거닐다. 산보하다.	ходить, гулять
轮	4	lún	to take turns	番が回ってくる	교대로하다. 차례가되다.	по очереди
啰唆	9	luōsuo	verbose	くどくどしい	수다스럽다. 수다떨다. 지껄이다.	многословный
落落大方	12	luò luò dà fāng	be easy-going and poised	おっとりとしていて品がある	솔직담백하여 구애됨이 없다. 도량이 넓고 대범하다.	либеральный, достойный

M

麻袋	6	mádài	gunnysack; sack	麻の袋	마대. 삼실로짠자루.	мешок
麻雀	9	máquè	sparrow	スズメ	참새.	воробей
马拉松	5	mǎlāsōng	marathon	マラソン	마라톤.	марафон
买卖	4	mǎimai	business; deal	商売	거래. 비지니스.	бизнес, сделки
盲	10	máng	illiterate	眼が見えない;識盲	눈먼사람. 무지한사람.	Слепой
莽撞	13	mǎng zhuàng	rash	無鉄砲である	거칠고 경솔하다. 우악스럽다.	необдуманный, безрассудный
铆劲儿	12	mǎo jìnr	make a sudden all-out effort	力を込める	힘을 모아 한번에 쓰다.	делать внезапное усилие
没劲	8	méijìn	be no fun; boring	つまらない	흥미가 없다. 힘이 없다.	не интересно; скучно
梦想	3	mèngxiǎng	dream	夢、願望	꿈. 몽상.	сон
勉强	5	miǎnqiǎng	force sb.to do sth.	無理をする	강요하다.	принуждать
灭	7	miè	extinguish	消す	불을 끄다. 없애다.	гасить
名流	8	míngliú	distinguished personages; celebrities	著名人	유명인사.	выдающиеся люди;
模模糊糊	7	mómohūhū	vague; muddy	ぼんやりしている	모호하다. 흐리멍덩하다.	неопределенный, мутный
墨镜	6	mòjìng	sunglasses	サングラス	선글라스. 색안경.	солнцезащитные очки
莫名其妙	4	mò míng qí miào	without rhyme or reason	わけが分からない	영문을 모르다.	ни с того ни с сего
模样	3	múyàng	appearance	容貌	모양. 생김새.	внешний вид

N

挠	14	náo	scratch	引っかく	긁다.	царапать
念书	8	niàn shū	study; go to school	(学校で)勉強する	공부하다. 입학하다.	учиться
年头儿	4	niántóur	year	年	해. 년.	год
娘	3	niáng	mother	母	어머니.	мать
农药	9	nóngyào	agricultural chemicals	農薬	농약.	сельскохозяйственные химикаты,
女婿	3	nǚxu	son-in-law	娘婿	사위.	зять

O

呕吐	9	ǒutù	vomit	吐く	토하다.	рвота
偶像	7	ǒuxiàng	(pop) idol	アイドル	우상.	кумир, идол

P

排队	6	pái duì	line up	一列に並ぶ	줄서다. 정렬하다.	становиться в очередь
排污	10	pái wū	drain away pollutants	排出する	오물이나 폐수를 배출하다.	отводить,сбрасывать (напр.сточные воды)
派	7	pài	school; faction	派	파. 파벌. 분파.	группировка
派用场	12	pài yòng chang	put to use	使い道を決める	도움이 되다. 유용하게 쓰다.	употреблять
叛变	3	pànbiàn	mutiny; go over to the enemy	裏切る、寝返る	배신하다. 배반하다.	перейти к врагу
抛	4	pāo	fling	投げる	던지다.	бросать
泡	9	pào	steep	浸す	물(액체)에 (비교적 오래) 담그다.	замачивать
陪	3	péi	accompany	付き添う	모시다. 동반하다.	сопровождать
陪练	5	péiliàn	train together	選手といっしょにトレーニングをする(人)	함께 연습하다.	тренироваться вместе
赔	5	péi	pay for; compensate for	償う	배상하다.	оплаты; компенсировать
配合	2	pèihé	cooperate	力を合わせる	협조하다. 보조를 맞추다.	сотрудничать
配套	3	pèitào	match	組み合わせて一セットにする	조합하여 하나의 세트로 만들다.	соответствовать
喷药	9	pēn yào	spray with insecticide	農薬をまく	(농)약을 치다(뿌리다).	распыления инсектицидов
捧场	8	pěng chǎng	sing the praises of; flatter uncritically	他人を持ち上げる	성원하다.	воспевать; льстить
碰	5	pèng	meet by chance; run into	出くわす	(우연히)만나다.	встречаться
批发价	6	pīfājià	wholesale price	卸値	도매가격. 도매값.	оптовая цена
劈	10	pī	hoarse	かすれた	갈라지다. 터지다.	хриплый
劈叉	13	pǐchà	do the splits	両足を左右・前後一直線に広げて床に座る	체조나 무술에서 두 다리를 반대방향으로 벌려 엉덩이를 땅에 대는 동작.	сделать шпагат
骗子	6	piànzi	swindler; cheat; trickster	詐欺師	사기꾼.	обманщик
拼	5	pīn	go all out in doing	命がけでやる	목숨을 걸다.	изо всех сил
品位	7	pǐnwèi	(sense of) taste (in)	品位	품위.	(чувство) вкус (в)
品种	9	pǐnzhǒng	variety	品種	품종.	разнообразие
破产	4	pò chǎn	become bankrupt	破産する	파산하다.	стать банкротом
谱儿	10	pǔr	certainty	確かなもの	대체적인 표준. 일에 대한 파악의 정도.	основание, причина

Q

奇迹	2	qíjì	miracle; wonder	奇跡	기적.	чудо
旗袍	1	qípáo	chi-pao	女性用の中国式長衣、チャイナドレス	중국 여자가 입는 원피스 모양의 의복.	женское платье (кит. покроя)

140

生词表
Vocabulary List

歧视	14	qíshì	discriminate against	差別視する	차별대우하다.	дискриминировать
前所未有	9	qián suǒ wèi yǒu	unprecedented	未曾有の、かつてない	미증유. 전에 없는.	беспрецедентный,
强盗	8	qiángdào	robber	強盗	강도.	грабитель
情深似海	7	qíng shēn sì hǎi	one's love is as deep as the se	愛情が海のように深い	정이 바다처럼 깊다.	нежность
情投意合	4	qíng tóu yì hé	find much in common with one another	（男女間において）意気投合する	의기투합하다. 정과 뜻이 통하다.	найти много общего друг с другом
请柬	13	qǐngjiǎn	invitation card	招待状	초청장.	пригласительный билет
庆贺	8	qìnghè	congratulate; celebrate	祝う	경축하다. 축하하다.	поздравить; праздновать
娶	3	qǔ	marry (a woman); take a wife	娶る	아내를 얻다.	жениться
取消	9	qǔxiāo	cancel	取り消す	취소하다.	отменить
圈	2	quān	circle; ring	輪、ひとまわり	원. 바퀴. 테.	круг, кольцо
劝	3	quàn	advise; suggest	忠告する、なだめる	권유하다.	советовать; предложить

R

绕	4	rào	take the long way	回り道をする	우회하다. 길을 멀리 돌아가다	ходить по кругу
惹事	14	rě shì	stir up trouble	厄介なことを引き起こす	사건(문제)를 일으키다.	мутить воду
认输	9	rèn shū	admit defeat	負けを認める	패배를 인정하다. 항복하다.	признать свое поражение
认为	3	rènwéi	think; consider	思う	여기다. 생각하다.	думаю, рассматривая
任务	2	rènwù	task; assignment	任務、仕事	임무.	задачи; назначение
日后	7	rìhòu	someday (in the future)	後日	금후. 뒷날. 장래.	когда-нибудь (в будущем)
润	10	rùn	moisten	潤う	촉촉하게 적시다. 윤택하게 하다.	смочить

S

撒种	9	sǎ zhǒng	sow seeds	種をまく	씨를 뿌리다. 파종하다.	посеять семена
赛跑	5	sàipǎo	a race	競走する	경주하다.	соревнование в беге
杀手	9	shāshǒu	killer	殺し屋	자객. 킬러.	убийца
傻乎乎	7	shǎhūhū	simple-minded	無邪気な;ばかな	멍청하다. 맹하다.	глупый, простодушный
闪	2	shǎn	sprain	くじく、(筋を)ちがえる	삐다. 접질리다.	Растяжение связок
伤感	2	shānggǎn	sick at heart; sad	悲しむ、感傷的になる	슬퍼하다. 비애에 잠기다.	тяжело на душе; печальной
商品经济	7	shāngpǐn jīngjì	commodity economy	商品経済	(분배경제에 대비되는) 상품경제.	товарное хозяйство

烧	10	shāo	so "fired up" that one gets carried away	ほてる	달아오르다. 열중하다. 열을 내다.	горячий, жаркий, разгоряченный
少男少女	7	shàonán shàonǚ	young boys and girls	青年男女	소년 소녀.	юноши и девушки
社交	8	shèjiāo	social intercourse; social contact	社交	사교. 교제.	социальное общения, социальные контакты
摄影师	7	shèyǐngshī	photographer	カメラマン	사진사. 촬영기사.	фотограф
伸手	8	shēn shǒu	ask for (help)	助けをもとめる	(도움을 요청하여)손을 내밀다. 손을 뻗다.	просить
神	8	shén	magical; miraculous; amazing	驚くべき、不思議な	신비롭다. 비범하다. 불가사의하다.	Странный
神秘	9	shénmì	mysterious	神秘的な	신비하다. 오묘하다.	таинственный
生锈	2	shēng xiù	rust	さびる	녹슬다.	ржаветь
生意	1	shēngyi	business	商売	밑지다.	бизнес, дело
剩	9	shèng	remain	残る	남다.	оставаться
失败	3	shībài	fail; be defeated	失敗する	실패하다.	потерпеть неудачу; поражение
施肥	9	shī féi	apply fertilizer; spread manure	肥料を与える	시비하다. 비료를 주다.	施肥
失礼	8	shī lǐ	commit a breach of etiquette	礼を欠く	실례하다. 예의에 벗어나다.	нарушение этикета, невежливость
失业	11	shī yè	lose one's job	失業する	직업을 잃다.	потерять работу
时刻	3	shíkè	time; moment	とき、時刻	시각. 시간.	время, момент
实用	1	shíyòng	practical; useful	実用的である	실용(적이다).	полезный
实在	2	shízài	really; honestly	確かに、本当に	진정. 참으로.	на самом деле; честно
世代	6	shìdài	generations	世代	세대.	поколение
试探	15	shìtàn	feel out; sound out	探る、調べる	시험하다. 떠보다.	прощупать; прозондировать
嗜好	10	shìhào	addiction;hobby	嗜好、好み	기호. 도락.	слабость (к чему-либо), хобби
收成	9	shōucheng	harvest	収穫	수확하다. 추수하다.	урожай
收视率	3	shōushìlǜ	audience rating	視聴率	시청률.	рейтинг аудитории
涮	2	shuàn	quick boil	すばやく熱湯にくぐらせる	샤부샤부(를 하다)	бланшировать (кул.)
水煮鱼	1	shuǐzhǔyú	the name of a famous dish	一つの魚料理の名前	물고기 요리의 일종.	название блюда
速度	5	sùdù	speed	速度	속도.	скорость
算账	6	suàn zhàng	do accounts	勘定をする	(장부의 숫자를) 계산하다. 결판내다.	подсчитывать, вести учет

142

生词表
Vocabulary List

损失		sǔnshī	lose (damages)	損害を受ける	손실.	терять
T						
太监	9	tàijiàn	eunuch	宦官	환관.	евнух
摊位	6	tānwèi	stall, booth	露店	상품진열장.	торговое место, сч. сл
淘米	9	táo mǐ	wash rice	米をとぐ	쌀을 일다(씻다)	промывать рис
套	1	tào	set, a measure word	セット、一式	벌. 세트.	сч.слово набор, комплекс
套	2	tào	old trick; outmoded method	(やり方、方法を数える)	세트. 벌.	старый трюк; устаревший метод
体育	5	tǐyù	sport	スポーツ	체육.	спорт
剃	7	tì	shave	剃る	(칼로 머리나 수염 따위를) 깎다. 밀다.	брить
天赋	15	tiānfù	innate gift	天賦、生まれつきの資質	천부. 타고난 재능.	гений, гениальность
天下	8	tiānxià	all over the world	天下	천하. 온 세상.	по всему миру
天灾人祸	9	tiān zāi rén huò	natural and man-made calamities	自然災害と人為的な災禍	자연 재해와 사람이 유발한 재해.	стихийные бедствия
条理	11	tiáolǐ	proper arrangement or presentation	条理、秩序	조리. 사리.	надлежащей договоренности или презентации
铁锹	2	tiěqiāo	spade; shovel	シャベル,スコップ	삽.	лопата
铁证如山	15	tiě zhèng rú shān	irrefutable evidence	証拠が確かで動かすことができない	명확한 증거로 확정된 안건.	неопровержимое доказательство
挺	2	tǐng	stand; endure	我慢する、こらえる	버티다. 견디다. 지탱하다.	выдержать
偷懒	11	tōu lǎn	loaf on the job	怠ける、さぼる	게으름 피우다. 꾀부리다.	ленивый
投敌	3	tóu dí	go over to the enemy, surrender	敵の陣営に投じる;主義・主張を変える	투항하다.	капитуляция
头脑	6	tóunǎo	brain; mind	頭脳	두뇌. 사고능력.	мозг, ум
投资	13	tóu zī	invest	投資する	투자.	инвестировать
团结	9	tuánjié	unite	団結する	단결하다.	объединяться
推	10	tuī	refuse	断る	거절하다. 거부하다.	отказывать
腿	5	tuǐ	leg	あし	다리.	нога
退	1	tuì	return something already received	返却する	무르다. 반환하다.	возвращать
W						
挖	4	wā	dig	掘る	파다.파내다.	рыть
外带	1	wàidài	include/provide additionally (for no extra charge)	テイクアウトする	덧붙이다. ……을 겸하다.	включить / обеспечить дополнительно (без дополнительной оплаты)

143

玩意儿	8	wányìr	used to refer to someone disparagingly	(軽くけなす意味合いで)やつ、野郎	오락. 놀이. 장난감.	используется для обозначения лица с пренебрежительным
挽救	3	wǎnjiù	save; rescue	救う	구원하다.	сохранить
王八蛋	8	wángbādàn	used to insult someone	(罵り言葉のひとつ)	욕의 일종.	прохиндей (используется для оскорбления кого-либо)
网络	6	wǎngluò	network	ネットワーク	네트웍. 인터넷망.	сеть,
网上	6	wǎngshang	internet; online	インターネット	인터넷.	интернет
威	10	wēi	might; power	威力、威勢	위엄. 위력.	мощность
微波炉	2	wēibōlú	microwave oven	電子レンジ	전자레인지.	микроволновая печь
危害	9	wēihài	harm	危害を及ぼす	해를 끼치다. 손상시키다.	вред
未婚	4	wèihūn	single; unmarried	未婚	미혼.	незамужняя
胃病	5	wèibìng	gastric diseases; stomach trouble	胃病	위병. 위장병.	гастрит (болезнь желудка)
畏难	9	wèinán	be afraid of difficulty	困難を恐れる	곤란(어려움)을 두려워하다.	бояться трудностей
巫婆	3	wūpó	witch	巫女	무녀.무당.	ведьма
污染	9	wūrǎn	pollute	汚染する	오염.	загрязнять
物流	8	wùliú	logistics	物流	물류.	логистика
X						
媳妇儿	7	xífur	wife	妻	며느리. 아내.	супруга
稀罕	8	xīhan	value as a rarity; cherish; treasure	高く評価する	소중히 하다. 진귀하게 여기다. 희한하다.	значение, как редкость; лелеять; сокровище
细节	8	xìjié	detail	細部	자세한 내용. 세목.	detail; minutiae
系列	1	xìliè	series	系列、シリーズ	계열. 시리즈.	серия
侠骨柔情	7	xiá gǔ róu qíng	chivalrous and tender	勇敢でやさしい	강골이지만 마음은 부드러운.	галантный, нежный
嫌	3	xián	dislike	嫌う、気に入らない	싫어하다.	одозревать, быть недовольным
现场	6	xiànchǎng	scene of an accident	現場	현장.	месте происшествия
相亲	13	xiāng qīn	blind date	見合いをする	선을 보다.	свидание с незнакомым человеком
项目	8	xiàngmù	project; event	プロジェクト	항목. 아이템.	проект, (в тексте руководитель проекта)
像样	9	xiàngyàng	decent	体裁がよい	어떤 수준에 도달하다. 버젓한 모양을 이루다.	порядочный

生词表
Vocabulary List

销售	6	xiāoshòu	sell	販売する	판매하다.	реализовывать, продавать
小菜一碟儿	15	xiǎo cài yì diér	a piece of cake	お安いご用	식은 죽 먹기.	ерунда, пустяк
小摊儿	6	xiǎotānr	stall; stand; booth	露店	작은 노점. 가판대.	киоск; стенд
孝顺	7	xiàoshun	show filial obedience	親孝行をする	효도하다.	сыновья почтительность, почитать родителей
歇	8	xiē	stop (work)	休む	멈추다. 쉬다.	остановить работу
协	10	xié	association	協会	협조. 조화.	объединение
卸	14	xiè	remove	（部品などを）取り外す	떼어내다. 벗기다.	удалять, снимать
心力衰竭	9	xīnlì shuāijié	heart failure	心不全	심장쇠약. 심부전.	сердечная недостаточность
新式	7	xīnshì	new style	新式の	신식. 새 양식.	новый стиль
信息	6	xìnxī	information	情報	정보.	информация
形象	8	xíngxiàng	image	イメージ	형상. 이미지.	имидж
凶	8	xiōng	ferocious; fierce	凶悪な、ひどい	사납다. 잔인하다.	свирепый
雄性	10	xióngxìng	male	雄	수컷. 웅성.	мужской
熊包	10	xióngbāo	good-for-nothing	意気地なし	쓸모없는 사람. 무능한 사람.	бездельник, бесполезный
宣告	4	xuāngào	declare; announce; proclaim	宣告する	선언하다. 선포하다.	объявить; провозгласить
血本无归	9	xuè běn wú guī	lose all of the original capital	元手をすべて失う	밑천(원금)을 잃다.	потерять все
巡回	9	xúnhuí	tour	回り歩く	순회하다.	совершать обход

Y

鸭子	5	yāzi	duck	アヒル	오리.	утка
亚军	5	yàjūn	second place	二位	(운동 경기 등에서) 제 2위.	второе место
眼圈儿	7	yǎnquānr	rim of the eye	目の周り	눈가. 눈언저리.	черные круги под глазами
眼影	7	yǎnyǐng	eye shadow	アイシャドー	아이 새도우.	тени для век
演唱会	7	yǎnchàng huì	(pop) concert	コンサート	공연. 콘서트.	концерт
演技	7	yǎnjì	acting	演技	연기.	действующий
验	9	yàn	examine; check	検査する	시험하다. 검증하다.	изучить, проверить
阳奉阴违	7	yáng fèng yīn wéi	pretend to obey	面従腹背	면종복배. 겉으로 복종하는 척하며 속으로 따르지 않다.	обр. лицемерить
养	8	yǎng	support; provide for	養う	먹여 살리다. 양육하다. 부양하다.	обеспечить

养眼	1	yǎng yǎn	please the eye	眼の保養をする	자태를 뽐내다.	обольстительный
药膏	2	yàogāo	ointment	膏薬、軟膏	연고.	мазь
野草	9	yěcǎo	weeds	雑草	들풀. 야생 풀.	сорняк
一辈子	6	yíbèizi	all one's life	一生	일평생.	всю жизнь
遗产	6	yíchǎn	inheritance	遺産	유산.	наследство
义胆忠心	7	yì dǎn zhōng xīn	wholeheartedly dedicated	真剣に打ち込む	의협심과 충성심이 있는.	полностью посвященный
意识	6	yìshi	consciousness	意識	의식.	Сознание
一准儿	15	yìzhǔnr	surely	必ず、きっと	반드시. 꼭. 틀림없이.	наверное
银耳	10	yín'ěr	white fungus	シロキクラゲ	하얀색 버섯의 일종.	белый гриб
隐形	9	yǐnxíng	hide from view	隠す	모습을 감추다. 자태를 숨기다.	скрыть от глаз
影响	3	yǐngxiǎng	effect	影響する	영향을 미치다.	влияние
拥挤	6	yōngjǐ	crowd; push and squeeze	押し合う	한 데 몰리다. 붐비다. 혼잡하다.	проталкиваться
优惠	1	yōuhuì	give preferential treatment	特恵待遇を施す、優遇する	우대하다.	предоставить льготы
优雅	7	yōuyǎ	graceful	優雅である	우아하게.	грациозный
友情	6	yǒuqíng	friendship	友情	우정.	дружба, дружелюбие
愚蠢	10	yúchǔn	foolish; idiotic	まぬけだ、愚かな	어리석다.	глупая
郁闷	12	yùmèn	depressed	気がふさぐ	마음이 답답하고 괴롭다.	угнетенный
玉树临风	15	yù shù lín fēng	tall and extremely handsome	背が高く顔立ちがよい	옥수가 바람을 맞으며 서 있다. 성품이 맑고 고상하다.	высокий и очень красивый
缘分	14	yuánfèn	predestined relationship	縁	연분.	судьба
约	7	yuē	arrange a meeting; make an appointment	取り決めをする	약속하다.	договориться о встрече; записаться на прием
约束	5	yuēshù	check; restrain; control; restrict	束縛する	제약하다. 약속을 지키다.	проверки; удержать; управления; ограничить
晕	4	yūn	(feel) faint	目まいがする	(머리가) 어지럽다.	чувствовать головокружение
运动员	5	yùndòng yuán	athlete	スポーツ選手	운동 선수.	спортсмен
运营	8	yùnyíng	run (of ships, etc.); run (an enterprise, etc.)	営業する	운영하다.	жать

Z

| 栽培 | 9 | zāipéi | plant | 栽培する | 재배하다. | внедрять. вкапывать |

生词表
Vocabulary List

再接再厉	5	zài jiē zài lì	redouble one's efforts	努力を重ねる	더욱 더 힘쓰다.	удваивать свои усилия
赞助费	7	zànzhùfèi	sponsorship money; financial aid	賛助のためのお金	찬조비. 스폰서 기금.	субсидий в виде помощи, спонсорство
遭	6	zāo	meet with; suffer	出くわす	만나다. 마주치다.	встретиться
早市	6	zǎoshì	morning market	朝市	아침 장.	утренний рынок
扎	7	zhā	prickle	ちくちくする	찌르다. 쑤시다.	колоть, уколоть
战略	9	zhànlüè	strategy	戦略	전략.	стратегия
蟑螂	7	zhāngláng	cockroach	ゴキブリ	바퀴벌레.	таракан
长相	3	zhǎngxiàng	appearance	容貌	용모.	внешний вид
仗义	6	zhàngyì	be loyal (to friends)	義理堅い	정의를 따르다. 의를 중히 여기다.	быть верным (друзьям)
招	5	zhāo	trick; move	手段	(바둑.장기의) 수. 계책.	итрость;
招	8	zhāo	attract (sth. bad); incur; court	(好ましくない事物を)引き寄せる	불러 일으키다. 자아내다. 야기시키다.	привлечь
照应	2	zhàoying	take care of; look after; attend to	世話、配慮	돌봄.보살핌.	заботиться
争	5	zhēng	contend	競う	(무엇을 얻거나 이루려고) 다투다. 경쟁하다.	Бороться
整容	3	zhěng róng	do a facelift	美容整形する	미용 성형하다.	сделать подтяжку лица
整天	3	zhěngtiān	all day	一日中	하루 종일.	весь день
挣	4	zhèng	earn (money, etc.)	(働いて金を)稼ぐ	벌다.	зарабатывать (деньги.)
症状	9	zhèngzhuàng	symptom	症状	증상.	симптом
支持	3	zhīchí	support	支持する、支える	지지하다.	поддержка
知错就改	2	zhī cuò jiù gǎi	always correct an error when one becomes aware of it	間違いに気づいたときにその誤りを正す	잘못을 알고 바로 고치다.	признавать свою ошибку
指	8	zhǐ	count on; look to (someone)	当てにする	가리키다.	рассчитывать на, посмотри на (кого-либо)
质	8	zhì	qualitative	質	질. 품질.	качественный
智慧	7	zhìhuì	wisdom	智慧	지혜.	мудрость
重创	9	zhòng chuāng	inflict heavy losses	重傷を負わせる	중상을 입히다. 심한 타격을 주다.	большие потери
周年	1	zhōunián	anniversary	周年	주년.	юбилей
猪蹄儿	7	zhūtír	pettitoes; pigs feet (dish)	(食用としての)豚の足	돼지 족발.	свиные ножки
主管	8	zhǔguǎn	person in charge; head; manager	責任者	주관자. 매니저.	ответственное лицо,

注册	6	zhùcè	register	登録する	등록하다.	регистрироваться
住口	3	zhù kǒu	shut up; come off it	黙る	입을 다물다. 말을 그만두다.	замолчать
转正	11	zhuǎn zhèng	become a regular employee (after a trial period)	正規従業員になる	정규직으로 채용하다.	стать работником (после испытательного срока)
桩	4	zhuāng	a measure word	件:事柄を数える数量詞	(사건이나 일을 세는 양사) 건. 가지	счетное слово.
追悔莫及	14	zhuī huǐ mò jí	be too late for repentance	後悔しても後も祭りである	후회막급. 후회해도 너무 늦다.	слишком поздно для покаяния
追究	5	zhuījiū	look into; get to the roots of (a matter)	追及する	추구하다.	изучить;
追逐	7	zhuīzhú	chase	追いかける	쫓다. 추구하다.	преследовать
着迷	7	zháo mí	be fascinated	夢中になる	…에 몰두하다. …에 사로잡히다.	Увлекаться
资格	9	zīgé	qualification	資格	자격.	квалификация
咨询	6	zīxún	consult	諮問する	자문하다. 상담하다.	консультироваться
自动	7	zìdòng	automatic	自動	자동.	автоматический
自个儿	2	zìgěr	oneself	自分	자기(자신). 스스로.	себя, сам
自然	3	zìrán	natural	自然な	자연스럽다.	природный
自信	3	zìxìn	confidence	自信	자신.	уверенность
总得	2	zǒngděi	must; have to; be bound	絶対に～しなければならない	(아무튼, 반드시)……해야한다.	должен; должны это сделать, обязательность
总监	8	zǒngjiān	chief inspector	ディレクター	총감독.	руководитель, директор
阻碍	6	zǔ'ài	obstacle; impediment	阻害	방해. 지장.	препятствия
阻拦	9	zǔlán	prevent; bar the way	阻止する	저지하다. 억제하다.	предотвращения; преградить путь
组织	2	zǔzhī	organize	組織する	조직하다.	организовать
醉醺醺	4	zuìxūnxūn	drunk	泥酔するさま	곤드레 만드레 취한 모양.	Пьяный
琢磨	3	zuómo	consider; ponder	思案する、熟慮する	고려하다. 생각하다.	рассмотреть; задуматься
做贼	7	zuò zéi	be thievish	泥棒をする	도둑질을 하다. 도적이 되다.	воровать
做主	3	zuò zhǔ	decide	決める	(일의) 주관자가 되다.	принимать решение

专有名词

A							
爱因斯坦	7	Àiyīnsītǎn	Einstein	アインシュタイン	아인슈타인	Эйнштейн
B							
北戴河	7	Běidàihé	a famous seashore in China	中国の有名な海岸	허베이성 친황다오시의 유명한 여름 휴양지.	Бэйдайхэ (известное побережье в Китае)
贝克汉姆	7	Bèi kè hàn mǔ	David Beckham	デヴィッド ベッカム	베컴	Дэвид Бекхэм
碧倩	4	Bìqiàn	female name	女性の名前	여자 이름.	женское имя Би Чиан
L							
廊坊	6	Lángfáng	A city in Hebei Province	河北省の都市	허베이성에 있는 도시.	Город в провинции Хэбэй
刘长河	5	Liú Chánghé	Name of Lao Dong's coach	老東のコーチの名前	남자 이름.	имя тренера
刘娅娜	4	Liú Yànà	female name	女性の名前	여자 이름.	женское имя Лю Я На
六必居	1	Liùbìjū	the name of a leading food manufacturing company	レストランの	베이징의 유명한 장아찌 생산업체의 이름.	имя ведущей компании по производству продовольствия
罗纳尔多	7	Luó nà ěr duō	Ronaldo Luiz Nazario De Lima	ロナウド ルイス ナザリオ デ リマ	호나우두	Роналдо
Z							
甄子东	5	Zhēn Zǐdōng	Lao Dong's full name	老東のフルネーム	老东의 본명.	полное имя Лао Донна

参考答案 Reference Answer

1 礼物
二、1.√ 2.× 3.√ 4.× 5.√ 6.√
    7.× 8.√
三、1.C 2.C 3.D 4.B 5.D 6.C
    7.C 8.A 9.D 10.C

2 各人自扫门前雪
二、1.× 2.× 3.× 4.× 5.× 6.×
    7.√ 8.√ 9.× 10.×
三、1.B 2.C 3.B 4.B 5.A 6.B
    7.D 8.D 9.C 10.A

3 你在我心里是最美
二、1.× 2.√ 3.√ 4.√ 5.× 6.×
    7.√ 8.√ 9.√ 10.√
三、1.C 2.C 3.B 4.C 5.D 6.B
    7.C 8.C 9.A 10.B

4 赶场儿
二、1.√ 2.√ 3.× 4.√ 5.× 6.×
    7.√ 8.√ 9.× 10.√
三、1.B 2.A 3.D 4.D 5.B 6.B
    7.C 8.D 9.A 10.C

5 一人有一个梦想
二、1.√ 2.√ 3.× 4.√ 5.× 6.√
    7.√ 8.× 9.√ 10.√
三、1.A 2.C 3.C 4.D 5.B 6.A
    7.B 8.D 9.A 10.D

6 大买卖
二、1.× 2.√ 3.× 4.√ 5.× 6.×
    7.× 8.√ 9.× 10.×
三、1.B 2.B 3.A 4.D 5.C 6.A
    7.B 8.B 9.C 10.A

7 偏偏喜欢你
二、1.× 2.× 3.√ 4.√ 5.√ 6.×
    7.× 8.× 9.× 10.√
三、1.B 2.A 3.A 4.D 5.C 6.C
    7.B 8.C 9.B 10.D

8 盗亦有道
二、1.√ 2.× 3.× 4.× 5.× 6.√
    7.× 8.√ 9.× 10.×
三、1.A 2.A 3.A 4.C 5.D 6.C
    7.C 8.A 9.B 10.D

9 种菜记
二、1.× 2.× 3.× 4.√ 5.× 6.√
    7.× 8.√ 9.√ 10.√
三、1.B 2.A 3.D 4.B 5.C 6.D
    7.A 8.A 9.B 10.D

10 三个足球寡妇
二、1.√ 2.√ 3.× 4.× 5.× 6.×
    7.√ 8.√ 9.√ 10.×
三、1.A 2.B 3.D 4.B 5.D 6.A
    7.D 8.B 9.A 10.D

150